Schriftenreihe der DGFP 60

- Nudendorf 25,93

Schriftenreihe der DGFP 60

Sonja Bischoff

Männer und Frauen in Führungspositionen der Wirtschaft in Deutschland

Neuer Blick auf alten Streit

Herausgegeben von der
Deutschen Gesellschaft für Personalführung e. V. Düsseldorf

Wirtschaftsverlag Bachem Köln

Herausgeber
Deutsche Gesellschaft für Personalführung e. V.
Niederkasseler Lohweg 16
40547 Düsseldorf
Telefon 02 11/59 78-0

Autorin
Univ.- Prof. Dr. Sonja Bischoff lehrt Betriebswirtschaftslehre mit den Schwerpunkten Unternehmensplanung und Entrepreneurship an der Hochschule für Wirtschaft und Politik in Hamburg.
Univ.-Prof. Dr. Sonja Bischoff
Hochschule für Wirtschaft und Politik
Von Melle Park 9
20146 Hamburg
Fax 0 40/4 28 38-27 80

Die Deutsche Bibliothek – CIP Einheitsaufnahme
Bischoff, Sonja
Männer und Frauen in Führungspositionen der Wirtschaft in Deutschland
Neuer Blick auf alten Streit / hrsg. von der
Deutschen Gesellschaft für Personalführung e. V., Düsseldorf. –
Köln : Wirtschaftsverlag Bachem, 1999
    (Schriftenreihe der DGFP; Nr. 60)
    ISBN 3-89172-406-3
NE: Deutsche Gesellschaft für Personalführung : Schriften der Deutschen Gesellschaft für Personalführung

© Wirtschaftsverlag Bachem, Köln 1999
Einbandentwurf: Bettina Dyhringer
Gesamtherstellung: Druckerei J. P. Bachem GmbH & Co. KG Köln
ISBN 3-89172-406-3

Vorwort

Seit vielen Jahren bin ich der festen Überzeugung, daß der immer schärfer werdende Wettbewerb (vor allem auch in seiner globalen Dimension) unsere Wirtschaftsunternehmen zwingt, alle erreichbaren menschlichen Ressourcen und Potentiale zu erschließen und voll zu entfalten. Das gilt unabhängig von der ethnischen und sozialen Herkunft, und es gilt (selbstverständlich) unabhängig vom Geschlecht.

In den jüngeren Diskussionen über **„managing diversity"** wird überzeugend betont, daß gerade die geschickte Kombination unterschiedlicher Gruppen-Charakteristika zu unschätzbaren Stärken und mithin zu Vorteilen im globalen Wettbewerb führt. Die Notwendigkeit und Vorteile sozialer, ethnischer und geschlechtsspezifischer Pluralität und Chancengleichheit werden damit zunächst rein ökonomisch begründet. Ihre ethnisch-moralische Begründung, wie sie im übrigen ja auch im Grundgesetz der Bundesrepublik Deutschland verankert ist, ist selbstverständlich mindestens genauso legitim.

Gutes Personalmanagement soll also auf einer ökonomischen und ethisch-moralischen Begründung wirksame Beiträge dazu leisten, daß Frauen und Männer unterschiedlichster Herkunft ihre Kenntnisse, Fähigkeiten und Potentiale in unseren Wirtschaftsunternehmen voll einbringen und entfalten können.

Formal ist auf diesem Wege viel erreicht und viele Hindernisse sind beseitigt worden. Viele gutgemeinte Programme und Initiativen sollen die Chancengleichheit auch in der „realen Unternehmenspraxis" sicherstellen. Es geht nun darum, die faktisch wohl unvermeidliche Lücke zur „ökonomisch und ethisch-moralisch gewollten Unternehmenspraxis" zu analysieren, zu verstehen und systematisch an ihrer Beseitigung zu arbeiten. Dazu bedarf es sauberer Daten, Fakten und Informationen!

Frau Prof. Dr. Sonja Bischoff hat mit ihren empirischen Studien über „Männer und Frauen in Führungspositionen in der Wirtschaft" aus den Jahren 1986 und 1991 derartiges Datenmaterial in hervorragender Weise zur Verfügung gestellt. Für die DGFP freue ich mich sehr darüber, daß wir mit der vorliegenden Studie und dem Datenmaterial aus 1998 unseren Beitrag zur Fortsetzung der Serie leisten können. Die Befragung einer so großen Zahl von Frauen und Männern in unterschiedlichsten Führungsfunktionen unterschiedlichster Branchen und Betriebsgrößen über einen so langen Zeitraum hinweg ist nach meinem Kenntnisstand einmalig. Die teilweise überraschenden Befragungsergebnisse lassen thesenhafte Antworten und Interpretationen auf eine Vielzahl wichtiger Fragen und Sachverhalte zu. Sie werden damit die wissenschaftliche und praktische Diskussion über die beruflichen Entwicklungen und die Zusammenarbeit von Frauen und Männern in der Führung von Wirtschaftsunternehmen intensivieren und bereichern. Die Ergebnisse legen aber auch einen (hoffentlich heilsamen) Finger in immer noch vorhandene schmerzhafte Wunden. Durch die Publikation der empirischen Forschungsergebnisse in der DGFP-Schriftenreihe wollen wir unseren Beitrag zu ihrer Verbreitung und Diskussion vor allem auch in der Praxis des Personalmanagements leisten.

Frau Prof. Bischoff möchte ich für ihre wertvolle Arbeit ganz herzlich danken; für sie und uns wünsche ich, daß die Arbeit und ihre Ergebnisse die Anerkennung und Beachtung finden, die sie wirklich verdienen.

Dr. Hans Böhm
Geschäftsführer DGFP e.V.

Dank an

- die Männer und Frauen, die sich die Mühe gemacht haben, den Fragebogen zu beantworten. Gerne würde ich jedem Mann, jeder Frau ganz persönlich dafür danken, doch die zugesicherte Anonymität verbietet dies, so daß ich Sie bitte, sich auf diesem Wege angesprochen zu fühlen.
- Herrn Dr. Hans Böhm, der als Geschäftsführer der DGFP (Deutsche Gesellschaft für Personalführung e.V.) die Finanzierung dieser Studie ermöglicht und sie mit persönlichem Engagement begleitet hat.
- Frau Dr. Gabriella Engelmann und Herrn Josef Tanzer (e.t.c.-Institut, Hamburg), die 1998 - wie auch schon 1991 und 1986 - mit Einfühlungsvermögen und Sachverstand die Befragung durchgeführt und die Statistiken erstellt haben.
- Herrn Rainer Strössinger vom Verlag Hoppenstedt (Darmstadt), der extra für diese Veröffentlichung die Anteile der Frauen in Führungspositionen aus den bei Hoppenstedt geführten Dateien ermittelt hat.
- Frau Birgit Schubert, die als souveräne Beherrscherin der Hard- und Software das Manuskript erstellt und hartnäckig jeden Virus zur Strecke gebracht hat, der das verhindern wollte.
- Frau Ulrike Biewald, die als studentische Mitarbeiterin alle Leser vor ermüdenden Stolpersteinen bewahrt hat.
- Prof. Peter Schmitt, der als einer der Begründer der Markt- und Meinungsforschung in diesem Land und in der „Frauenfrage" engagierter, ehemaliger Topmanager meine Arbeit voller Emotion und gleichzeitig kritisch begleitet hat.

Ohne Sie alle wäre diese Studie nie entstanden!

Hamburg, im Juni 1999

Univ.-Prof. Dr. Sonja Bischoff

Inhalt

Vorwort		5
Dank		7
1.	**Ziele, Fragestellungen und Durchführung der Untersuchung**	13
	• Ziele	13
	• Fragestellungen	13
	• Durchführung	14
2.	**Die Führungskräfte in dieser Untersuchung: Wo und wofür sie arbeiten**	17
	• Branche	17
	• Unternehmensgröße	18
	• Hierarchische Position	20
	• Aufgabenbereiche	20
	• Einkommen	23
	• Arbeitszeit	25
	• Beteiligung am Unternehmen	26
3.	**Die Führungskräfte in dieser Untersuchung: Das familiäre Umfeld**	27
	• Eltern und Geschwister	27
	• Partnerschaft und Kinder	29
	• Partner/Partnerin	33
	• Zusammenfassung	34
4.	**Meilensteine der Karriere**	37
4.1	**Der Einstieg: Was hilft und was behindert?**	37
	• Ausbildung	37
	• Ausbildung und hierarchische Position	38
	• Ausbildung und Gehalt	39
	• Erfolgsfaktoren des Einstiegs	42
	• ... aus der Sicht der Führungskräfte der 1. und der 3. Ebene	43
	• ... aus der Sicht der Spitzenverdiener	45
	• Zusammenfassung	45
	• Hindernisse beim Einstieg	46
	• Zusammenfassung	49
4.2	**Der Aufstieg: Was fördert und was bremst?**	50
	• Erfolgsfaktoren des Aufstiegs	50
	• Zusammenfassung	52

	• Hindernisse beim Aufstieg	53
	• Zusammenfassung	57
	• Exkurs: Frauenförderung	58
4.3	**Was ist erreicht worden?**	
	Einkommen und Position	62
	• Einkommen und hierarchische Position	62
	• Einkommen und Position in verschiedenen Branchen	64
	• Einkommen und Position in Unternehmen verschiedener Größe	69
	• Einkommen und Position in verschiedenen Aufgabenbereichen	71
	• Einkommen, Position und wöchentliche Arbeitszeit	78
	• Einkommen, Position und Beteiligung	84
	• Einkommen, Position und Frauenanteile im Unternehmen	87
	• Einkommen, Position und Alter	88
	• Einkommen – was bewirken variable Bestandteile?	90
	• Zusammenfassung	92
4.4	**Der Blick in die Zukunft**	94
	• Zufriedener denn je?	94
	• … mit der Arbeitssituation?	94
	• … mit dem Karriereverlauf?	100
	• Zusammenfassung	102
	• Ausstieg – wohin?	103
	• … in die Selbständigkeit?	104
	• … in die Teilzeit?	106
	• Zu Hause arbeiten – eine Alternative zur Teilzeit?	114
	• Zusammenfassung	115
	• … oder doch weiter nach oben?	117
	• Zusammenfassung	123
5.	**Wenn Männer und Frauen zusammenarbeiten …**	125
	• Erfahrungen mit männlichen und weiblichen Führungskräften	125
	• … mit weiblichen Vorgesetzten	125
	• … mit Frauen auf gleicher Ebene	126
	• … mit Frauen als untergeordnete Führungskräfte	127
	• Zusammenfassung	127
6.	**Männer und Frauen in Führungspositionen und ihre Mitarbeiter**	129
	• Ausstattung mit Mitarbeitern	129
	• Führungsverhalten – heute	131
	• Führungsverhalten – in Zukunft	135
	• Zusammenfassung	138
7.	**Zusammenfassung, Hypothesen und Folgerungen**	141
	• Branche, Unternehmensgröße, Aufgabenbereiche	141

Inhalt

- Arbeitszeit 141
- Einkommen 143
- Erfolgsfaktoren der Karriere 147
- Hindernisse 148
- Zufriedenheit und Unzufriedenheit 149
- Zusammenarbeit von Männern und Frauen 149
- Führung heute und in Zukunft 149
- Einige Schlußfolgerungen 150
  - ... für Unternehmen 150
  - ... für Führungsnachwuchskräfte 152

Anhang I: Frauenanteile in Führungspositionen 155

Anhang II: Teilzeit in Führungspositionen - Königsweg oder Sackgasse auf dem Weg nach oben? 157

Anhang III: Fragebogen 165

1. Ziele, Fragestellungen und Durchführung der Untersuchung

Ziele

Dank des Interesses und der Finanzierung durch die DGFP e.V. (Deutsche Gesellschaft für Personalführung), vertreten durch ihren Geschäftsführer Herrn Dr. Böhm, konnte im Jahr 1998 zum dritten Mal die Untersuchung „Männer und Frauen in Führungspositionen der Wirtschaft in der Bundesrepublik Deutschland" durchgeführt werden. Damit ist der Vergleich zu den Jahren 1991 und 1986 möglich, in denen die ersten beiden Studien durchgeführt wurden.* Gleichzeitig wird zum dritten Mal der Vergleich zwischen Männern und Frauen in Führungspositionen in ihrer heutigen Situation vorgenommen. Angesichts der wachsenden Zahl von Frauen in Führungs- und Führungsnachwuchspositionen steht als aktuelles Thema die Zusammenarbeit zwischen Männern und Frauen in der Führung von Unternehmen im Vordergrund. Damit verbindet sich die Vorstellung, dort wo nötig sowohl ein Problembewußtsein wecken zu können, als auch die Chancen der Zusammenarbeit von Männern und Frauen für den Führungserfolg sichtbar zu machen. Denn nach allem, was wir bisher über das Führungsverhalten von Männern und Frauen wissen, ist eine Unternehmensleitung, die nur aus Männern oder nur aus Frauen besteht, suboptimal besetzt.

Was wird verglichen?

Fragestellungen

Es gilt zunächst festzustellen, wie sich die objektiv zu beschreibenden Merkmale der Arbeitssituation von Männern und Frauen in Führungspositionen verändert haben. Dazu gehören die Daten über die Unternehmen, in denen sie arbeiten (Größe, Branche) und die Merkmale ihrer Positionen (Führungsebene, Gehalt, Aufgabenbereiche, Arbeitsbedingungen).

Mit Blick auf die Zukunft sind die über den persönlichen Werdegang der Führungskräfte Auskunft gebenden Informationen zu betrachten: Wie kommen Männer und Frauen in ihre Positionen, was war hilfreich, was unbedeutend für den Ein- und Aufstieg, was war hinderlich? Gibt es gewissermaßen „zeitlose" Erfolgsfaktoren, die vor mehr als zehn

---

* Bischoff, Sonja, Männer und Frauen in Führungspositionen der Wirtschaft in der BRD, hrsg. von Capital, Köln und Hamburg 1986; dieselbe, Männer und Frauen in Führungspositionen der Wirtschaft in der BRD – 1991 im Vergleich zu 1986, hrsg. von Capital, Köln und Hamburg 1991

Jahren genauso wie heute und wahrscheinlich auch in Zukunft eine Rolle spielen werden? Lassen sich Trends erkennen bei den Faktoren, die sich verändert haben? Gibt es typisch weibliche und typisch männliche Erfolgsfaktoren?

Gewiß sind diese Auskünfte weitestgehend durch die subjektive Rückschau und Erfahrung geprägt. Das gilt noch viel mehr für die Einschätzungen der persönlichen Situation und zukünftig erwarteter Entwicklungen. Doch wissen wir, daß Führungsentscheidungen nur partiell ex ante rational begründet werden können, oft ex post rationalisiert werden. So sind es häufig außerordentlich subjektive Erwartungshaltungen, die jenseits von Analyse und fundierter Prognose die Entscheidungen in der Führung bestimmen. Das ist kein Vorwurf an die so handelnden Führungskräfte, sondern schlichte Folgerung aus der Tatsache, daß die Dynamik und Komplexität der Entscheidungsumgebung dazu führen, daß subjektive Präferenzen immer wichtiger werden. Daher wird nach Einstellungen gegenüber Gegenwart und Zukunft gefragt, um schließlich auf der Basis von führungspraktischer Kompetenz zukünftige Entwicklungslinien erkennen zu können.

Dabei geht es gleichzeitig immer auch darum, möglicherweise unterschiedliche Einstellungen und Meinungen von Männern und Frauen zu erkennen.

Durchführung Die Grundgesamtheit der Untersuchung bilden – wie 1986 und 1991 – die Führungskräfte, die in der Hoppenstadt-Datei „Wer leitet das Mittelmanagement?" erfaßt sind. Hieraus wurde – ebenfalls wie 1986 und 1991 – eine Zufallsstichprobe von je 1000 Männern und Frauen gezogen. Denen wurde der im Anhang III wiedergegebene Fragebogen zugesandt. Lediglich in 27 Fällen konnten die angesprochenen Führungskräfte nicht erreicht werden (weil sie nicht mehr im Unternehmen tätig oder gar nicht mehr berufstätig waren). Von den 1973 erreichten Führungskräften antworteten 348, was einer Quote von 17,6 % (1991: 28,2 %) entspricht. Um nach den Gründen der 1998 deutlich geringeren Antwortbereitschaft zu suchen, wurden in einer besonderen Aktion noch einmal 500 Führungskräfte dazu befragt. Das Ergebnis war eindeutig: Zeitmangel war die häufigste Ursache der Nichtbeantwortung des Fragebogens.

Wie schon 1986 und 1991 beobachtet, sind auch 1998 die Männer auskunftsfreudiger als die Frauen. Es antworteten 183 Männer und 165 Frauen.

Während sich 1991 die Befragung noch auf die alten Bundesländer beschränkte, wurden 1998 die neuen Bundesländer einbezogen. Dadurch ergab sich, daß insgesamt 66 Führungskräfte (50 Frauen und 16 Männer) befragt werden konnten, die vor 1990 in den neuen Bundesländern tätig waren. Da leider 11 Personen hierzu keine Angabe gemacht haben, bleibt festzustellen, daß 110 Frauen und 161 Männer vor 1990 in den alten Bundesländern tätig waren. Der Frage, warum so viel mehr Frauen als Männer aus den neuen Bundesländern und so viel weniger Frauen als Männer aus den alten Bundesländern geantwortet haben, soll hier nicht weiter nachgegangen werden.

2. Die Führungskräfte in dieser Untersuchung: Wo und wofür sie arbeiten

Entsprechend den allgemeinen strukturellen Veränderungen nimmt der Anteil der Führungskräfte in der Industrie kontinuierlich ab, während der Anteil im Dienstleistungsbereich zunimmt. Dies gilt insbesondere für die Frauen.

Branche

Tabelle 1: Branche*

Führungskräfte insgesamt	1986	1991	1998
– in der Industrie	58 %	54 %	51 %
– im Handel	13 %	16 %	14 %
– in Dienstleistungsunternehmen	28 %	30 %	35 %
Männer			
– in der Industrie	60 %	59 %	55 %
– im Handel	8 %	13 %	15 %
– in Dienstleistungsunternehmen	31 %	28 %	30 %
Frauen			
– in der Industrie	55 %	45 %	47 %
– im Handel	22 %	21 %	14 %
– in Dienstleistungsunternehmen	23 %	34 %	39 %

Innerhalb des Dienstleistungssektors setzen sich die Tätigkeitsbereiche der Männer und Frauen wie folgt zusammen:

Tabelle 2: Dienstleistungsbereiche

	Männer	Frauen
Finanzdienstleistungen	15 %	12 %
Verkehr und Tourismus	4 %	9 %
Kommunikation und Information	7 %	10 %
Sonstige Dienstleistungen	4 %	8 %

---

* Hier und im folgenden gilt für die Fälle, in denen sich die Anteilswerte nicht zu 100 % addieren lassen, daß entweder keine Angaben gemacht worden sind oder Rundungsdifferenzen vorliegen. Liegt die Summe der Anteilswerte über 100 %, waren Mehrfachnennungen möglich.

Unternehmens-größe

In Anlehnung an die Neuregelung der Abgrenzung von Klein- und Mittelbetrieben innerhalb der Europäischen Union werden in Abweichung von den Studien 1991 und 1986 folgende Unternehmensgrößenklassen unterschieden:

- nach Umsatz: $\gtrless$ DM 75 Mio. p.a.

  (1991 und 1986: $\gtrless$ DM 100 Mio. p.a.)

- nach Anzahl der Beschäftigten:
  < 250 Mitarbeiter
  251 bis 1.000 Mitarbeiter
  > 1.000 Mitarbeiter
  (1991 und 1986: $\geq$1.000 Beschäftigte).

Insofern sind die Zahlen von 1998 mit denen von 1991 und 1986 nur bedingt vergleichbar.

Tabelle 3: Unternehmensgröße

Führungskräfte insgesamt	1986	1991	1998
– Umsatz < DM 75 Mio. p.a.			43 %
(< DM 100 Mio. p.a.)	52 %	52 %	
– Umsatz > DM 75 Mio. p.a.			36 %
(> DM 100 Mio. p.a.)	40 %	48 %	
– Beschäftigte < 250			59 % ⎫
– Beschäftigte 251–1.000	58 %	74 %	25 % ⎬ 84 %
– Beschäftigte > 1.000	27 %	26 %	9 %

Im Vergleich zu den Jahren 1986 und 1991 hat der Anteil der Führungskräfte in den sehr großen Unternehmen mit mehr als 1.000 Beschäftigten deutlich abgenommen, während die Umsatzentwicklung als Indikator für die Unternehmensgröße nicht denselben Trend aufweist. Vor dem Hintergrund der teilweise drastischen Personalreduzierungen und ebensolcher Ausdünnung insbesondere des Mittelmanagements in der ersten Hälfte der 90er Jahre verwundern die oben genannten Zahlen nicht.

Interessant ist die Frage, ob sich auch 1998 wieder bestätigt, was 1986 und 1991 festgestellt wurde: Sind Frauen häufiger in Klein- und Mittelbetrieben in Führungspositionen gelangt als in Großunternehmen?

Tabelle 4 a: Frauen und Männer in den kleineren Unternehmen (nach Umsatz)

	1986	1991	1998
Frauen Umsatz			
< DM 50 Mio. p.a.*		49 %	
< DM 75 Mio. p.a.			50 %
< DM 100 Mio. p.a.	70 %	67 %	
Männer Umsatz			
< DM 50 Mio. p.a.*		25 %	
< DM 75 Mio. p.a.			37 %
< DM 100 Mio. p.a.	43 %	43 %	

* 1991 zusätzlich erhoben

Es zeigt sich, daß Frauen nach wie vor deutlich häufiger als Männer in den am Umsatz gemessen kleineren Unternehmen in Führungspositionen gelangen.

Gilt das auch, wenn man die Beschäftigtenzahlen zugrunde legt?

Tabelle 4 b: Frauen und Männer in Unternehmen verschiedener Größenklassen (nach Anzahl der Beschäftigten)

	1986	1991	1998	
Frauen Beschäftigte				
< 250	68 %	83 %	66 % ⎫	90 %
251–1.000			24 % ⎭	
> 1.000	14 %	17 %	6 %	
Männer Beschäftigte				
< 250	53 %	68 %	53 % ⎫	79 %
251–1.000			26 % ⎭	
> 1.000	33 %	32 %	12 %	

Neben der allgemeinen Tendenz, daß die Führungskräfte 1998 insgesamt häufiger aus Unternehmen mit geringerer Beschäftigtenzahl als

1991 und 1986 kommen, bestätigt sich auch bei der Betrachtung des Indikators „Anzahl der Beschäftigten", daß Frauen deutlich häufiger in kleineren Unternehmen in Führungspositionen zu finden sind als Männer. Aus den großen Unternehmen mit über 1.000 Mitarbeitern kommen 1998 anteilsmäßig immer noch doppelt so viele Männer wie Frauen.

Hierarchische Position

Welche hierarchische Position haben die Männer und Frauen erreicht, die sich 1998 an der Untersuchung beteiligt haben?

Tabelle 5: Hierarchische Position

Führungskräfte insgesamt	1986	1991	1998
3. Führungsebene und darunter	33 %	18 %	8 %
2. Führungsebene	44 %	69 %	61 %
1. Führungsebene	17 %	13 %	30 %
Männer			
3. Führungsebene und darunter	27 %	11 %	4 %
2. Führungsebene	53 %	74 %	62 %
1. Führungsebene	17 %	15 %	33 %
Frauen			
3. Führungsebene und darunter	44 %	28 %	12 %
2. Führungsebene	25 %	62 %	60 %
1. Führungsebene	18 %	10 %	26 %

Im Vergleich zu den Jahren 1986 und 1991 gehören anteilsmäßig ca. doppelt so viele Führungskräfte der 1. Ebene an, während der Anteil auf der untersten erfaßten Ebene (3. Ebene und darunter) sich kontinuierlich reduziert hat. Das gilt sowohl für Männer als auch für Frauen; dennoch ist auffällig, daß nach wie vor der Frauenanteil in der untersten erfaßten Führungsebene sehr viel höher ist als der Anteil der Männer dort, und daß umgekehrt der Frauenanteil in der 1. Ebene deutlich geringer ist als der der Männer. Gleichzeitig weisen Männer und Frauen 1998 fast identische Anteile in der 2. Führungsebene auf.

Aufgabenbereiche

Zum Zeitpunkt der ersten Untersuchung im Jahr 1986 gab es – wenn man das angesichts des noch niedrigen Frauenanteils in Führungspositionen überhaupt so bezeichnen mag – zwei „Frauendomänen": an erster Stelle den Bereich Finanzen/Rechnungswesen/Controlling und an zweiter Stelle das Personalwesen. Schon 1991 zeichnete sich eine Verschiebung zugunsten der Bereiche Marketing und Vertrieb/Verkauf ab; man hatte in vielen Unternehmen die akquisitorischen Potentiale der Frauen erkannt. Wie sieht das 1998 aus?

Tabelle 6: Aufgabenbereiche

Führungskräfte insgesamt	1986	1991	1998
Marketing	29 %*	16 %	18 %
Vertrieb/Verkauf		29 %	19 %
Personalwesen	16 %	21 %	13 %
Finanzen/Rechnungswesen/Controlling	27 %	24 %	22 %
Produktion	8 %	11 %	4 %
Einkauf/Materialwirtschaft	13 %	13 %	9 %
Forschung und Entwicklung	6 %	6 %	3 %
Werbung/PR/Kommunikation	10 %	13 %	7 %
EDV	–**	–**	4 %
Geschäftsleitung	14 %	16 %	27 %

* 1986 als Marketing/Vertrieb/Verkauf erhoben
** nicht erhoben

Angesichts der Tatsache, daß sich 1998 30 % der Führungskräfte der 1. Ebene zurechnen, ist nicht erstaunlich, daß 27 % angeben, Aufgaben der Geschäftsleitung wahrzunehmen. Etwa gleichbleibend stark im Verhältnis zu den übrigen Ressorts ist der Bereich Finanzen/Rechnungswesen/Controlling vertreten.

Und wo sind die Frauen?

Tabelle 6 a: Aufgabenbereiche der Frauen

	1986	1991	1998
Marketing	19 %*	16 %	21 %
Vertrieb/Verkauf		24 %	15 %
Personalwesen	28 %	29 %	17 %
Finanzen/Rechnungswesen/Controlling	44 %	30 %	27 %
Produktion	2 %	3 %	1 %
Einkauf/Materialwirtschaft	15 %	14 %	7 %
Forschung und Entwicklung	3 %	3 %	2 %

	1986	1991	1998
Werbung/PR/Kommunikation	13 %	21 %	10 %
EDV	_**	_**	2 %
Geschäftsleitung	9 %	14 %	25 %

* 1986 als Marketing/Vertrieb/Verkauf erhoben
** nicht erhoben

Nach wie vor ist der Bereich Finanzen/Rechnungswesen/ Controlling einer der am stärksten von Frauen in Führungspositionen besetzten Arbeitsbereiche. Deutlich weniger häufig als 1986 und 1991 geben Frauen 1998 an, im Personalwesen beschäftigt zu sein. Dagegen sind sie stärker im Marketing vertreten. Und erfreulich häufig sind Frauen in der Geschäftsleitung zu finden, nämlich nach 9 % im Jahr 1986 und 14 % im Jahr 1991 nunmehr mit 25 %. Damit erreichen sie zwar immer noch nicht den Anteil der Männer mit 30 % wie die folgende Tabelle zeigt, doch zeigt der Anteilswert gegenüber den Jahren 1986 und 1991 eine kontinuierliche Entwicklung nach oben.

Allerdings muß dabei folgendes berücksichtigt werden: Gut die Hälfte der Frauen in der Geschäftsleitung steht in einer kapitalmäßigen und/oder familiären Beziehung zum Unternehmen, während dasselbe nur für gut ein Viertel der Männer mit demselben Aufgabenbereich gilt. Mit anderen Worten: Nur knapp die Hälfte der Frauen mit dem Status der Geschäftsleitung sind als „reine" Angestellte zu bezeichnen, aber knapp drei Viertel der Männer können dies für sich reklamieren.

In welchen übrigen Ressorts Männer leitend tätig sind, das zeigt die folgende Tabelle.

Tabelle 6 b: Aufgabenbereiche der Männer

	1986	1991	1998
Marketing	34 %*	16 %	15 %
Vertrieb/Verkauf		32 %	22 %
Personalwesen	10 %	16 %	9 %
Finanzen/Rechnungswesen/Controlling	18 %	20 %	18 %
Produktion	11 %	16 %	7 %
Einkauf/Materialwirtschaft	13 %	12 %	10 %
Forschung und Entwicklung	7 %	8 %	4 %

	1986	1991	1998
Werbung/PR/Kommunikation	9 %	8 %	5 %
EDV	_**	_**	6 %
Geschäftsleitung	17 %	17 %	30 %

* 1986 als Marketing/Vertrieb/Verkauf erhoben
** nicht erhoben

Neben dem schon erwähnten 30 %-Anteil der Männer in der Geschäftsleitung fallen zwei Zahlen ins Auge: der im Vergleich zu 1986 und 1991 niedrigste Anteil im Personalwesen und die im Vergleich zu den Frauen gerade umgekehrten Anteilswerte in den Bereichen Marketing und Vertrieb/Verkauf. Sollte diese Konstellation unter Berücksichtigung der Zahlen von 1991 darauf hindeuten, daß sich Frauen aus der Verkaufstätigkeit an der Front eher ins Marketing zurückziehen als Männer?

Andererseits muß man feststellen, daß insgesamt ein sehr hoher Anteil von Frauen die Außendarstellung und Außenbeziehungen von Unternehmen in der Führung beeinflußt. Dies ist auf den im Vergleich zu den Männern immer noch relativ hohen Anteil der Frauen zurückzuführen, der sich im Bereich Werbung/PR/Kommunikation engagiert.

Anzumerken ist noch, daß nach wie vor relativ weniger Männer als Frauen Verantwortung für die Finanzen, das Rechnungswesen und das Controlling übernehmen. Die durchschlagende Begründung der Männer: „Frauen können einfach besser mit Geld umgehen."* Oder anders ausgedrückt: Männer kümmern sich seltener als Frauen um die Finanzen des Unternehmens, nehmen aber vergleichsweise viel Geld aus dem Unternehmen heraus, wie die folgenden Darstellungen zeigen.

Was verdienen Führungskräfte? Verdienen Frauen endlich das, was sie verdienen? Eines der sensationellsten Ergebnisse der ersten Studie von 1986 war der eklatante Einkommensnachteil der Frauen gegenüber den Männern, für den es keine objektiven oder objektivierbaren Erklärungen gab. Die Situation hatte sich 1991 nicht verändert. Wie sieht es heute aus?

Einkommen

---

* Vgl. Bischoff, Sonja, Führung zwischen Macht und Mann – Männer in der Defensive, Führungskräfte in Zeiten des Umbruchs, Reinbek 1990, S. 75

Tabelle 7: Bruttojahresgehalt

Führungskräfte insgesamt	1986	1991	1998
< 100 TDM	37 %	30 %	29 %
101 bis 150 TDM	48 %	41 %	31 %
> 150 TDM	14 %	29 %	38 %
Männer			
< 100 TDM	23 %	15 %	17 %
101 bis 150 TDM	57 %	43 %	29 %
> 150 TDM	19 %	42 %	51 %
Frauen			
< 100 TDM	63 %	52 %	42 %
101 bis 150 TDM	31 %	38 %	34 %
> 150 TDM	5 %	10 %	24 %

Das Gesamtbild ist erfreulich, immerhin verdienen 38 % der befragten Führungskräfte mehr als 150 TDM p.a., worin 17 % enthalten sind, die mehr als 200 TDM p.a. verdienen. Zwar erreichen 11 % der Frauen Spitzeneinkommen von über 200 TDM p.a., was gegenüber 1 % im Jahr 1991 eine enorme Steigerung darstellt, doch sind gleichzeitig 23 % der Männer in dieser Einkommenskategorie zu finden, und 1991 waren es immerhin schon 17 %.

Dennoch zeigt der Vergleich der Einkommen von Männern und Frauen einen Abstand, der – wie noch zu demonstrieren sein wird – kaum objektiv und rational begründet sein kann. Das wird besonders deutlich, wenn man die unterste der erfaßten Einkommensklassen heranzieht.

Tabelle 7 a: Bruttojahresgehalt < 80 TDM p.a.

	1986	1991	1998
Männer			
< 80 TDM	8 %	6 %	4 %
Frauen			
< 80 TDM	36 %	29 %	23 %

Diese Zahlen sprechen für sich!

Tabelle 7 b: Bruttojahresgehälter < 150 TDM und > 150 TDM

	1986	1991	1998
Männer			
< 150 TDM	80 %	58 %	46 %
> 150 TDM	19 %	42 %	51 %
Frauen			
< 150 TDM	94 %	89 %	76 %
> 150 TDM	5 %	10 %	24 %

Anteilsmäßig doppelt so viele Männer wie Frauen verdienen 1998 mehr als 150 TDM im Jahr. Zwar ist der Abstand etwas geschrumpft im Zeitablauf (1986 und 1991 waren es viermal soviel), doch es ist nicht abzusehen, wann Frauen endlich mit den Männern gleichziehen werden.

Insgesamt ist festzustellen, daß Frauen 1998 bei weitem noch nicht die Einkommensposition erreicht haben, die Männer schon 1991 realisiert hatten.

Einerseits wird vermehrt über Teilzeit auch in Führungspositionen diskutiert, andererseits wird festgestellt, daß der Erhalt des Arbeitsplatzes und die Karriere immer mehr Einsatz erfordern. Daher lohnt sich ein Blick auf die Arbeitszeiten der Führungskräfte.

Arbeitszeit

Tabelle 8: Wöchentliche Arbeitszeit

Führungskräfte insgesamt	1986	1991	1998
bis 50 Stunden	27 %	48 %	50 %
51 bis 60 Stunden	52 %	41 %	37 %
über 60 Stunden	21 %	11 %	12 %
Männer			
bis 50 Stunden	21 %	37 %	40 %
51 bis 60 Stunden	54 %	48 %	42 %
über 60 Stunden	25 %	15 %	17 %
Frauen			
bis 50 Stunden	40 %	65 %	62 %
51 bis 60 Stunden	47 %	31 %	32 %
über 60 Stunden	14 %	4 %	5 %

Verallgemeinerbare Aussagen über eine Verlängerung der Arbeitszeiten von Führungskräften sind auf Basis dieser Zahlen nicht möglich, eher deutet sich eine Verkürzung der wöchentlichen Arbeitszeit an. Wie auch schon 1986 und 1991 geben Frauen häufiger kürzere Arbeitszeiten als Männer an: Die meisten Frauen (51 %) arbeiten 41 bis 50 Stunden pro Woche, die meisten Männer (42 %) 51 bis 60 Stunden. Das war auch schon 1991 und 1986 so.

Beteiligung am Unternehmen

Wie schon 1986 und 1991 sollte auch 1998 die Untersuchung auf angestellte Führungskräfte konzentriert werden. Jedoch läßt es sich nicht vermeiden, daß auch solche Führungskräfte erfaßt werden, die in einer beteiligungsmäßigen und/oder familiären Beziehung zum Unternehmen stehen. Daher wurde auch diesmal wieder die Frage nach einem solchen Verhältnis zum Unternehmen gestellt. Der Anteil beträgt unter den Frauen 22 %, unter den Männern 14 %. Auf diese Gruppe wird bei einigen Fragestellungen – wie z.B. im Zusammenhang mit dem Einkommen und der familiären Situation – besonders eingegangen.

3. Die Führungskräfte in dieser Untersuchung: Das familiäre Umfeld

Immer wieder wird die Vermutung geäußert, daß der soziale Status der Eltern einen deutlichen Einfluß auf die im Berufsleben erreichte Position habe.

Eltern und Geschwister

Für die Führungskräfte in dieser Untersuchung ist festzustellen, daß etwa ein Viertel aus Familien kommt, in denen der Vater Arbeiter oder einfacher Angestellter bzw. Beamter ist. Dabei gibt es keinen Unterschied zwischen Männern und Frauen, ebenso keinen nennenswerten Unterschied zu den Jahren 1991 und 1986. Dasselbe gilt für die Herkunft aus Familien, in denen der Vater leitender Angestellter oder Beamter (Männer 22 %, Frauen 26 %) oder als Freiberufler, Handwerker oder Unternehmer (Männer 23 %, Frauen 26 %) tätig ist. Allerdings ist der Anteil der zuletzt genannten Kategorie gegenüber 1991 und 1986 deutlich geringer. Anzumerken ist noch, daß gut ein Viertel der Führungskräfte die Frage nach der Berufstätigkeit des Vaters nicht beantwortet hat.

Ein Blick auf die Berufstätigkeit der Mutter zeigt folgendes Bild: 41 % der Männer geben an, daß ihre Mütter ausschließlich Hausfrauen sind. Im Vergleich dazu kommen nur 26 % der Frauen aus Familien, in denen die Mütter die Rolle der sogenannten „Nur-Hausfrau" übernommen haben. Im Vergleich zu 1991 zeigt sich eine deutliche Verringerung des Anteils der „Hausfrauen-Mütter" (Männer 63 %, Frauen 49 %). Insgesamt ist festzustellen, daß Frauen – wie auch schon 1991 – häufiger als Männer berufstätige Mütter haben.

Insofern kann angenommen werden, daß das Vorbild der Mütter für die Frauen eine positive Wirkung gehabt haben könnte. Zumindest dürfte die Doppelbelastung der Mütter durch Beruf und Familie nicht abgeschreckt haben, denn immerhin sind 13 % der Mütter einfache Angestellte bzw. Beamte und 15 % sind teil- und vollzeitbeschäftigte Hausfrauen. Gleichzeitig geben nur zwei Frauen an, daß der Vater Hausmann sei.

Die entscheidende Frage in diesem Zusammenhang lautet: **Wirkt sich die Herkunft, und zwar insbesondere der durch die Berufstätigkeit der Eltern bestimmte soziale Status auf den Karriereerfolg aus?**

Um dieser Frage nachzugehen, werden die Führungskräfte der ersten Ebene und die Spitzenverdiener betrachtet.

Nur 17 % der männlichen Führungskräfte der ersten Führungsebene kommen aus Familien, in denen der Vater Arbeiter oder einfacher Angestellter bzw. Beamter ist; das ist im Verhältnis zu denen, deren Väter vorwiegend Selbständige (Unternehmer, Handwerker, Freiberufler) und leitende Angestellte oder Beamte sind, wenig, denn diese „Vätergruppe" macht 50 % aus, worunter die Unternehmer den größten Anteil stellen (22 % aller Väter). Damit zeigt sich gleichzeitig, daß die Männer der ersten Führungsebene häufiger als die der zweiten und dritten Ebene (43 % und 38 %) aus Familien mit einem ähnlich hohen beruflichen Status des Vaters kommen.

Im Vergleich zu 1991 hat sich mit 17 % der Anteil der männlichen Spitzenführungskräfte, der aus Familien mit verhältnismäßig niedrigem sozialen Status kommt, zwar verdoppelt, aber im Verhältnis zum Durchschnitt der Männer über alle Führungsebenen hinweg (27 %) zeigt sich, daß diese Männer immer noch seltener die erste Führungsebene erreichen.

Ein Blick auf die Gruppe der männlichen Spitzenverdiener (Bruttojahresgehalt > 200 TDM p.a.) zeigt ein ähnliches Bild: Nur 17 % dieser Männer kommen aus Familien, in denen der Vater Arbeiter oder einfacher Angestellter bzw. Beamter ist, 52 % aus Familien mit Vätern, die leitende Angestellte oder Selbständige sind.

Und welche Rolle spielt der Beruf des Vaters für den Karriereerfolg der Frauen? Immerhin 29 % der Frauen in der ersten Führungsebene kommen aus Familien, in denen der Vater Arbeiter oder einfacher Angestellter bzw. Beamter ist! Offenbar spielt die familiäre Herkunft, geprägt durch die Berufstätigkeit der Väter, eine nicht so große Rolle für den Erfolg der Frauen, wenngleich auch 48 % aus Familien mit Vätern kommen, die leitende Angestellte oder Beamte und überwiegend Selbständige (Freiberufler, Handwerker, Unternehmer) sind, wobei wiederum die Unternehmer den größten Anteil stellen (26 % aller Väter). Dennoch ist festzustellen, daß der Anteil der Frauen, der aus sogenannten „Arbeiterfamilien" kommt, in der ersten Führungsebene mit 29 % größer ist als auf der zweiten und dritten Ebene (22 % und 20 %). Gleichzeitig sind die Anteile der Frauen auf der zweiten und dritten Ebene, die aus Familien mit beruflich erfolgreicheren Vätern stammen, höher (51 % und 65 %) als auf der ersten Ebene mit 48 %.

Im Hinblick auf die Erreichung von hohen Einkommen scheinen es die Frauen aus Familien mit überdurchschnittlich erfolgreichen Vätern leichter zu haben: Von den Spitzenverdienerinnen (Bruttojahresgehalt > 200 TDM p.a.) kommen 56 % aus solchen Familien, nur 22 % aus

Familien, in denen der Vater Arbeiter oder einfacher Angestellter bzw. Beamter ist.

Offensichtlich hat der Berufserfolg des Vaters für den Erfolg der Männer eine weit größere Bedeutung als für den Erfolg der Frauen.

Eine ebenfalls immer wieder geäußerte Vermutung ist, daß Führungskräfte schon durch die Übernahme einer Führungsrolle unter den Geschwistern gewissermaßen für die spätere Übernahme von Führungsaufgaben trainiert seien. Gleichzeitig wird angenommen, daß diese Führungsrolle dem jeweils älteren Bruder bzw. der älteren Schwester zufalle. Diese Hypothese konnte weder 1986 noch 1991 bestätigt werden, auch nicht 1998. Nur eine Minderheit unter den Führungskräften hat ausschließlich jüngere Geschwister (36 %), die meisten haben ältere (30 %), jüngere und ältere Geschwister (19 %), oder es sind Einzelkinder (15 %).

Könnte es sein, daß solche Führungskräfte, die älteste Kinder waren, besonders erfolgreich werden?

Auch dies muß verneint werden. 58 % der Männer und 71 % der Frauen in der ersten Führungsebene haben sowohl jüngere als auch ältere Geschwister oder sind Einzelkinder.

Auch 1998 ist das Gros der Männer, nämlich 92 %, verheiratet oder fest an eine Partnerin gebunden. Das gilt heute auch für drei Viertel der Frauen: **Nach 58 % im Jahr 1986 und 68 % im Jahr 1991 leben nun bereits 75 % in einer festen Bindung.** Nur noch 16 % sind ledig (1991: 20 %, 1986: 27 %). Geringer ist auch der Anteil der Geschiedenen bzw. getrennt Lebenden unter den Frauen (1998: 8 %, 1991 und 1986 jeweils 12 %). Die Quote der alleinstehenden Männer ist gegenüber 1991 und 1986 mit insgesamt 7 % nahezu unverändert.

Partnerschaft und Kinder

Kompromisse zugunsten der Karriere gehen die Frauen allerdings in bezug auf Kinder nach wie vor in hohem Maße ein, wenn auch der Anteil der kinderlosen Frauen von 62 % im Jahr 1991 auf 50 % im Jahr 1998 zurückgegangen ist. Von den Männern haben 1998 nur 18 % (1991: 13 %) keine Kinder. Wenn sie Kinder haben, dann meistens zwei Kinder (42 %), während Frauen am häufigsten ein Kind haben (24 %).

Im folgenden soll der Frage nachgegangen werden, ob es identifizierbare Umstände gibt, die für die Frauen die Vereinbarkeit von Karriere, Partnerschaft und Kindern erleichtern.

Im einzelnen ist zu fragen:
- Spielt die **Branche** eine Rolle?
- Ist die **Unternehmensgröße** von Bedeutung?
- Erleichtert der **Unternehmerinnenstatus** die Vereinbarkeit von Karriere und Familie?
- Wie ist diesbezüglich der **Aufgabenbereich** zu beurteilen?
- Ist der **Aufstieg in die erste Ebene** nur durch Verzicht auf Familie möglich?
- Könnten **Maßnahmen der Frauenförderung** positive Wirkungen haben?

Branche

Der Anteil verheirateter oder an einen festen Partner gebundener Frauen liegt zwischen 72 % (Dienstleistungssektor), 77 % (Industrie) und 83 % (Handel). Dementsprechend ist der Anteil kinderloser Frauen im Dienstleistungsbereich am höchsten (55 %), gefolgt von den Frauen in der Industrie (48 %) und denen im Handel (44 %). Oder umgekehrt: Weibliche Führungskräfte im Handel sind am häufigsten verheiratet und haben häufiger Kinder als Frauen in der Industrie und im Dienstleistungssektor.

Möglicherweise hängt das mit den Arbeitszeiten zusammen. 74 % der Frauen im Handel arbeiten pro Woche maximal 50 Stunden und geben auch am häufigsten (17 %) im Vergleich zu den anderen Branchen Arbeitszeiten bis zu 40 Stunden an (Industrie 12 %, Dienstleistungssektor 6 %). Nur 21 % der Frauen im Handel arbeiten mehr als 50 Stunden pro Woche, während dies für 35 % der Frauen in der Industrie und 47 % im Dienstleistungsbereich gilt. Fordert hier die Dienstleistungsgesellschaft mit dem Anspruch auf 24-Stunden-Service ihren Tribut?

Andererseits ist an die Möglichkeit, in größerem Umfang auch zu Hause zu arbeiten, im Handel gar nicht zu denken. Nur 13 % der Frauen in dieser Branche können davon Gebrauch machen, noch weniger sind es in der Industrie (12 %), etwas mehr allerdings im Dienstleistungssektor (16 %), was aber offenbar zu wenig ist, um angesichts der hohen wöchentlichen Arbeitszeiten dort entlastend zugunsten familiärer Engagements zu wirken.

Unternehmensgröße

Während 1991 noch festgestellt werden konnte, daß Frauen in den Klein- und Mittelbetrieben häufiger verheiratet waren und auch häufiger Kinder hatten, ist das 1998 so eindeutig nicht mehr zu erkennen. In Unternehmen mit weniger als 250 Beschäftigten sind 74 % der Frauen verheiratet, in Unternehmen mit 251 bis 1.000 Beschäftigten 77 %, und in Unternehmen mit mehr als 1.000 Beschäftigten sind es 70 %. Auch der Anteil kinderloser Frauen gibt kein eindeutiges Bild: Der Anteil schwankt von 57 % in den kleineren Unternehmen über 33 % in den mittleren bis zu 60 % in den Großunternehmen.

Unternehmerinnenstatus

Frauen, die in einer kapitalmäßigen und/oder familiären Beziehung zum Unternehmen stehen, fielen 1991 dadurch auf, daß sie deutlich häufiger verheiratet waren (77 %) als der Durchschnitt (68 %) und auch häufiger (72 % gegenüber durchschnittlich 38 %) und mehr Kinder hatten.

1998 haben sich die Zahlen verändert: Von den an ihren Unternehmen beteiligten Frauen sind 72 % verheiratet, der Durchschnitt beträgt 75 %; das heißt, daß die nicht beteiligten Frauen zu einem höheren Anteil (76 %) verheiratet sind.

Allerdings ist der Anteil der Frauen, der auf Kinder verzichtet, im „reinen" Angestelltenverhältnis mit 53 % nach wie vor deutlich höher als bei den beteiligten Frauen, von denen nur 39 % keine Kinder haben. Wenn auch damit zwar gegenüber 1991 die „Kinderquote" bei den beteiligten Frauen von 72 % auf 61 % gesunken ist, so zeigt sich doch ein erheblicher Unterschied zu den „reinen" angestellten Frauen, von denen nur 47 % Kinder haben.

Eine mögliche Ursache für den zu beobachtenden Unterschied könnte wiederum in den unterschiedlichen Arbeitszeiten liegen. Wie auch schon 1991, so ist auch 1998 festzustellen, daß die Frauen, die in einer beteiligungsmäßigen und/oder familiären Beziehung zum Unternehmen stehen, deutlich längere Wochenarbeitszeiten angeben, als die Frauen, die als „reine" Angestellte zu bezeichnen sind. Aus der ersten Gruppe arbeiten 47 %, aus der zweiten Gruppe 35 % mehr als 50 Stunden pro Woche (ähnlich 1991: 49 % und 33 %). Wenn Frauen in Führungspositionen auf Kinder verzichten, dürfte also kaum die absolute Länge der Wochenarbeitszeit dafür verantwortlich sein, sondern – neben anderen Gründen – eher der Mangel an Disponierbarkeit der Zeit. Wenn Arbeitszeiten in höherem Maße als im Normalfall eines Angestelltenverhältnisses selbständig und eigenverantwortlich unter Abwägung unternehmerischer und privater Interessen gestaltet werden können, dann sind offenbar die Voraussetzungen für ein Familienleben mit Kindern eher gegeben.

Wenn auch 1998 die Einkommen der beteiligten Frauen höher sind als die der nicht beteiligten, so kann daraus im Vergleich zu 1991 nicht der Schluß gezogen werden, daß dies der Grund für die höhere Kinderzahl der beteiligten Frauen sein könnte; 1991 hatten die beteiligten Frauen ebenso niedrige Einkommen wie die nicht beteiligten, dennoch war der Unterschied bei der Kinderzahl gegeben.

Aufgabenbereich

Könnte es sein, daß die je nach Aufgabenbereich unterschiedlichen Anforderungen für die Existenz eines Familienlebens mit Partner und Kindern eine Rolle spielen?

Zumindest für die Partnerschaft kann festgestellt werden, daß überdurchschnittlich viel Frauen in den internen Funktionen wie Personalwesen (89 %) und Finanzen/Rechnungswesen/Controlling (80 %) offenbar hierfür günstigere Bedingungen vorfinden. Die niedrigsten Anteile verheirateter oder fest an einen Partner gebundenen Frauen finden sich in der Werbung (63 %) und im Marketing (71 %). Dann verwundert nicht, daß im Bereich Marketing (neben dem Einkauf) mit 69 % der höchste Anteil kinderloser Frauen zu verzeichnen ist. Möglicherweise spielt für dieses Bild die Arbeitszeit eine Rolle. Während in den Bereichen Marketing und Werbung ein relativ hoher Anteil von Frauen Arbeitszeiten von mehr als 50 Stunden pro Woche angibt (43 % und 44 %), arbeiten nur 21 % der Frauen im Personalwesen und 33 % im Bereich Finanzen/Rechnungswesen/Controlling so lange.

Führungsebene

Die Frage ist, ob der Aufstieg von Frauen in die erste Führungsebene mit einem Verlust an Familienleben einhergeht.

Ein Blick auf die Zahlen zeigt, daß dies keineswegs der Fall ist; im Gegenteil, der Anteil verheirateter oder fest gebundener Frauen ist mit 83 % in der ersten Ebene am höchsten, mit 65 % auf der untersten erfaßten Ebene (dritten Ebene und darunter) am niedrigsten. In der zweiten Ebene gilt dies für drei Viertel der Frauen. Gleichzeitig ist auf der untersten Führungsebene der Anteil geschiedener bzw. getrennt lebender Frauen mit 15 % am höchsten – im Vergleich zu 6 % bzw. 7 % auf der zweiten und ersten Ebene. Aufgrund des verhältnismäßig geringen Anteils der Frauen in der dritten Ebene in dieser Untersuchung (12 %) sollte man diese Zahlen allerdings nicht überinterpretieren.

Jedenfalls ist zu bemerken, daß der Anteil der Frauen, der Kinder hat, mit 60 % in der ersten Führungsebene am höchsten ist. In der zweiten und dritten Ebene haben je 45 % der Frauen Kinder. Drei Frauen in der ersten Ebene haben sogar drei Kinder, eine vier Kinder.

Das Alter dürfte hier keine große Rolle spielen, da das Durchschnittsalter zwischen knapp 40 Jahren (dritte Ebene und darunter), 42 Jahren (zweite Ebene) und gut 45 Jahren auf der ersten Ebene liegt.

Maßnahmen der Frauenförderung

75 % der Frauen sind verheiratet, 50 % haben Kinder, aber nur 8 % sind in Unternehmen tätig, in denen es Maßnahmen der Frauenförderung gibt! Angesichts dieser Zahlen erübrigt sich fast die Frage, ob es einen Zusammenhang zwischen frauenfördernden Maßnahmen, Karriere und Kindern gibt. Dennoch wurden die Fragebögen der dreizehn Frauen, die in Unternehmen, in denen frauenfördernde Maßnahmen installiert sind, einzeln angeschaut. Natürlich wissen wir nicht, ob diese Frauen solche Maßnahmen persönlich in Anspruch genommen haben. Die Ergebnisse finden sich unter anderem im Kapitel „Exkurs: Frauenförderung".

Glückliche Männerwelt: 45 % der in einer Partnerschaft lebenden männlichen Führungskräfte können sich auf eine Hausfrau als Partnerin stützen. Allerdings ist festzustellen, daß dieser Anteil kontinuierlich sinkt: 1991 waren es noch 52 % und 1986 beachtliche 60 %. Dennoch sind Frauen von derartiger Unterstützung weit, weit entfernt: Nur 2 % geben an, mit einem teilzeitbeschäftigten Hausmann oder einem „Nur-Hausmann" zusammenzuleben. Die meisten Frauen sind mit einem leitenden Angestellten oder Beamten (37 %) verbunden, 22 % mit einem Freiberufler, Handwerker oder Unternehmer. Beachtlich ist der Anteil von 19 % der Frauen, der angibt, mit einem Arbeiter oder einfachen Angestellten bzw. Beamten zusammen zu leben. Nach den Hausfrauen ist das die Berufsgruppe, die von den Männern für ihre Partnerin am häufigsten angegeben wird (25 %), während Frauen in der Position einer leitenden Angestellten oder Beamtin (13 %) sowie als Freiberuflerin, Handwerkerin oder Unternehmerin (10 %) eher selten die Lebensgefährtinnen von männlichen Führungskräften sind. Dennoch ist zu vermerken, daß die Anteile in den zuletzt genannten Berufsgruppen gegenüber 1991 höher sind (1991 jeweils 8 %).

Partner/Partnerin

Insgesamt ist festzustellen, daß 59 % der Frauen, die in einer Partnerschaft leben, mit Männern verbunden sind, die aufgrund ihrer Berufstätigkeit ähnlich erfolgreich, aber auch zeitlich ähnlich belastet sind. **Dies gilt nur für 23 % der Männer, die somit nach wie vor überwiegend eine größere Unterstützung aus der Partnerschaft erwarten können.** Andererseits ist zu vermuten, daß es gerade den Frauen, die mit beruflich gleich- oder höherrangigen Partnern verbunden sind, gelingt, die damit erwirtschafteten Familieneinkommen durch Inanspruchnahme entgeltlicher Dienstleistungen zugunsten von Kindern einzusetzen.

Bleibt zum Schluß noch die Frage nach dem Verhältnis von Karriere, Partnerschaft und Familie. Wo setzen Männer und Frauen im Konfliktfall Prioritäten? Fast unterschiedslos stellen 70 % der Frauen und 60 % der Männer fest, daß sie noch nie zugunsten des Partners, der Partnerin oder der Familie auf einen Karrierevorteil verzichtet haben. Anders ausgedrückt: 30 % der Frauen und 34 % der Männer haben schon einmal Prioritäten zugunsten von Partnerschaft oder Familie gesetzt. Damit ist dieser Anteil gegenüber 1991 bei den Frauen geringfügig niedriger (1991: 35 %), bei den Männern allerdings deutlich geringer (1991: 46 %). **Gegenüber 1991 und 1986 ist dagegen unverändert, daß eher Männer als Frauen zugunsten von Partnerschaft oder Familie Kompromisse bei der Karriere machen.**

Zusammenfassung

1. Frauen in Führungspositionen haben häufiger als Männer in Führungspositionen berufstätige Mütter – wie schon 1991 und 1986.

2. Für den Karriereerfolg der Frauen spielt der Beruf des Vaters möglicherweise eine geringere Rolle als für den Erfolg der Männer; von denjenigen Männern, die die erste Führungsebene erreichen, kommen nur 17 % aus Familien, in denen der Vater Arbeiter oder einfacher Angestellter bzw. Beamter ist, während dies für 29 % der Frauen in der ersten Ebene gilt.

3. Für die Hypothese, daß Führungskräfte bereits durch Übernahme von Führungsaufgaben in der Rolle des ältesten Bruders oder der ältesten Schwester geprägt seien, konnte zum dritten Mal (nach 1986 und 1991) kein Anhaltspunkt gefunden werden.

4. Die familiäre Situation der Frauen „normalisiert" sich: 1998 sind 75 % der Frauen in Führungspositionen verheiratet oder fest an einen Partner gebunden, 50 % haben Kinder!

5. Die Unternehmensgröße scheint dafür keine Rolle mehr zu spielen (1991 war der Anteil verheirateter Frauen und der Anteil der Mütter in kleineren Unternehmen deutlich höher als in größeren Unternehmen).

6. Dagegen spielt der Unternehmerinnenstatus nach wie vor eine Rolle: Wie schon 1986 und 1991 haben Frauen, die in einer beteiligungsmäßigen und/oder familiären Beziehung zum Unternehmen stehen, häufiger und mehr Kinder als „reine" angestellte weibliche Führungskräfte – trotz längerer Wochenarbeitszeiten. Ausschlaggebend für die bessere Vereinbarkeit von Kindern und Karriere ist somit das höhere Maß an individueller und selbst zu verantwortender Disponierbarkeit der Arbeitszeit.

7. Branche und Aufgabenbereich könnten insofern für das Familienleben von Frauen eine Rolle spielen, als dort, wo gleichzeitig geringere und geregeltere Arbeitszeiten anzutreffen sind (wie im Handel, dem Personalwesen, dem Bereich Finanzen/Rechnungswesen/Controlling), Frauen häufiger verheiratet oder fest an einen Partner gebunden sind und auch häufiger Kinder haben. Besonders ungünstig scheinen in dieser Hinsicht die Arbeitsbedingungen für Frauen in Dienstleistungsunternehmen, im Marketing und in der Werbung zu sein.

8. Es zeigt sich, daß der Aufstieg in die erste Führungsebene nicht quasi automatisch mit einem Verzicht auf Partnerschaft und Familie einhergehen muß: Frauen in der ersten Ebene sind häufiger verheiratet und haben häufiger Kinder als Frauen in der zweiten und dritten Ebene.

9. Offensichtlich spielt die Existenz von Frauenfördermaßnahmen (bisher) keine Rolle für Partnerschaft und Familie der Frauen.

10. Nur ein Drittel der Führungskräfte hat bisher schon einmal auf einen Karrierevorteil zugunsten der Familie verzichtet – und wenn, dann waren es häufiger die Männer als die Frauen.

4. Meilensteine der Karriere

4.1 Der Einstieg: Was hilft und was behindert?

Der Trend zum Studium hält an: Gegenüber 1986 mit 40 % haben heute bereits 64 % der Führungskräfte studiert (1991: 52 %), während der Anteil mit Lehre als höchstem berufsqualifizierenden Abschluß gegenüber 1986 und 1991 (jeweils 43 %) auf ein Viertel gesunken ist! Das gilt sowohl für Männer als auch für Frauen.

Ausbildung

Insbesondere die Frauen haben den Anteil an studierten Führungskräften in den Jahren zwischen 1986 und 1998 hochgetrieben: von 27 % auf 61 %. Gleichzeitig haben die Frauen den Abstand zu den Männern auf vernachlässigbare 5 % verringert, während 1991 und 1986 die Lücke zwischen dem Anteil studierter männlicher und weiblicher Führungskräfte jeweils noch 20 % betrug.

Tabelle 9: Führungskräfte mit Studium

	1986	1991	1998
Männer mit Studium	47 %	60 %	66 %
Frauen mit Studium	27 %	39 %	61 %

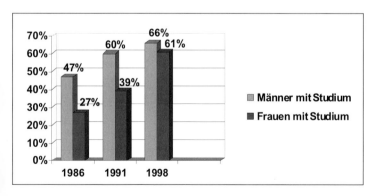

Betrachtet man die Schulabschlüsse, so spielt im Vergleich zu 1991 und 1986 der Volksschul- bzw. Hauptschulabschluß so gut wie keine Rolle mehr: Während 1991 noch 13 % und 1986 noch 18 % der Führungskräfte angaben, daß das ihr höchster Schulabschluß sei, ist dieser Anteil jetzt auf 1 % gesunken.

Ausbildung und hierarchische Position

Die Bedeutung des Studiums zeigt sich insbesondere bei der Betrachtung der verschiedenen Führungsebenen.

Tabelle 10: Höchster berufsqualifizierender Abschluß der Führungskräfte in den verschiedenen Führungsebenen

	3. Ebene u. darunter	2. Ebene	1. Ebene
Führungskräfte insgesamt			
– mit Studium	54 %	60 %	75 %
– mit Lehre	39 %	26 %	15 %
Männer			
– mit Studium	38 %	61 %	80 %
– mit Lehre	63 %	28 %	17 %
Frauen			
– mit Studium	60 %	59 %	68 %
– mit Lehre	30 %	24 %	12 %

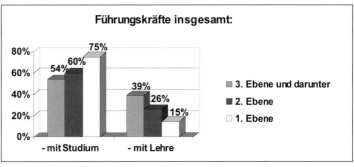

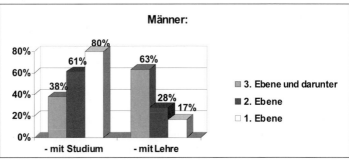

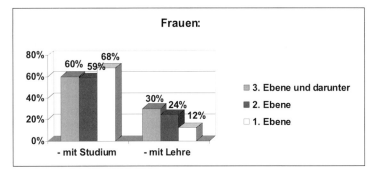

In der ersten Führungsebene dominieren ganz klar Führungskräfte mit Studium; ihr Anteil steigt kontinuierlich seit 1986.

Tabelle 11: Höchster berufsqualifizierender Abschluß der Führungskräfte in der 1. Führungsebene

Führungskräfte	1986	1991	1998
mit Lehre			
– Männer	34 %	46 %	17 %
– Frauen	37 %	21 %	12 %
mit Studium			
– Männer	45 %	55 %	80 %
– Frauen	30 %	46 %	68 %

Interessant ist ein Blick in die dritte Führungsebene. Während hier bei den Männern noch ein deutliches Übergewicht derer mit Lehre (63 %) gegenüber denen mit Studium (38 %) besteht, ist das Verhältnis bei den Frauen gerade umgekehrt: Auch in der dritten Ebene und darunter haben 60 % der Frauen ein Studium absolviert, nur 30 % geben an, daß die Lehre ihr höchster berufsqualifizierender Abschluß sei. **Wenn also für die Besetzung von Positionen in der ersten Ebene mehr denn je in Zukunft eine akademische Ausbildung zur Selbstverständlichkeit gehört, dann liegt das qualitativ größere Potential ohne Zweifel bei den Frauen!**

Schlägt sich das Studium auch im Gehalt nieder?

Ausbildung und Gehalt

Das gilt zumindest für die Männer: 76 % der Spitzenverdiener (Bruttojahresgehalt > 200 TDM) haben ein Studium absolviert! In allen Einkommensklassen darunter liegt der Anteil niedriger. Damit wiederholt sich das Bild von 1991 und 1986: Der Anteil der Führungskräfte mit Studium steigt mit höherem Einkommen, der mit Lehre sinkt mit höherem Einkommen. Oder anders ausgedrückt: Von den männlichen Führungskräften mit Studium erzielen 58 % Jahresbruttogehälter von mehr als DM 150.000, von denen mit einer Lehre als höchstem berufsqualifizierenden Abschluß erreichen nur 38 % diese Einkommenskategorien, wobei der Unterschied besonders deutlich wird in der Einkommensklasse von über DM 200.000 p.a.: Hier finden sich 27 % der männlichen Akademiker wieder, aber nur 16 % der Männer mit Lehre.

Die höhere Qualifikation der Frauen im Vergleich zu 1991 und 1986 sollte sich auch in der Gehaltssituation niederschlagen.

Zunächst einmal ist festzustellen, daß auch in der höchsten erfaßten Einkommensklasse von über DM 200.000 Bruttojahresgehalt ein außerordentlich hoher Anteil der Frauen studiert hat: nämlich 72 %. Allerdings ist dieser Anteil in den unteren Gehaltsklassen genauso hoch, nämlich ebenfalls 72 % in der Gehaltsklasse DM 81.000 bis DM 100.000 und mit 71 % in der untersten Kategorie der Jahresgehälter von weniger als DM 80.000 ähnlich hoch.

Der Unterschied zwischen den Gehältern der Männer und Frauen mit Studium ist krass; es setzt sich die Tendenz fort, die schon 1986 und 1991 zu beobachten war, wie folgende Übersicht zeigt.

Tabelle 12: Bruttojahresgehälter der Führungskräfte mit Studium

Bruttojahresgehälter	Männer mit Studium		
	1986	1991	1998
< 100 TDM	11 %	11 %	11 %
101–150 TDM	63 %	40 %	29 %
> 150 TDM	24 %	49 %	58 %
Bruttojahresgehälter	Frauen mit Studium		
	1986	1991	1998
< 100 TDM	46 %	45 %	49 %
101–150 TDM	40 %	40 %	26 %
> 150 TDM	11 %	15 %	25 %

Zwar ist die Einkommensentwicklung der studierten Männer zwischen 1991 und 1998 geradezu verhalten verlaufen im Vergleich zum Zeitraum zwischen 1986 und 1991, jedoch ist die Entwicklung bei den

Frauen deprimierend. Während sich bei den studierten Männern ein Bodensatz von 11 % mit Einkommen unter DM 100.000 p.a. stabilisiert, trifft das gleiche auf fast 50 % der Frauen mit Studium zu. Frauen mit Studium erreichen 1998 nicht einmal die Einkommen, die Männer mit einer Lehre als höchstem berufsqualifizierenden Abschluß mit nach Hause nehmen.

Tabelle 13: Bruttojahresgehälter der Männer mit Lehre und Frauen mit Studium

	Männer mit Lehre	Frauen mit Studium
< 100 TDM	29 %	49 %
101–150 TDM	29 %	26 %
> 150 TDM	38 %	25 %

Lohnt sich für Frauen das Studium?

Tabelle 14: Bruttojahresgehälter der Frauen mit Lehre und Frauen mit Studium

	Frauen mit Lehre	Frauen mit Studium
< 100 TDM	34 %	49 %
101–150 TDM	49 %	26 %
> 150 TDM	17 %	25 %

Das Bild ist nicht eindeutig: Einerseits erreichen mehr Frauen mit Studium als mit Lehre die höchsten Einkommen, andererseits scheinen die Frauen mit Studium geradezu unterhalb der 100-TDM-Schwelle kleben zu bleiben. Dies könnte natürlich darauf zurückzuführen sein, daß sich in dieser Einkommenskategorie der zunehmende weibliche akademische Nachwuchs befindet, obwohl das natürlich für die Männer genauso gelten müßte.

Eine Betrachtung der Altersgruppe bis 39 Jahre zeigt jedoch ein ernüchterndes Bild: Während 51 % der Frauen in dieser Altersgruppe unter DM 100.000 p.a. verdienen, gilt dasselbe nur für 36 % der Männer! Eine Betrachtung der Einkommenssituation in der dritten Ebene und darunter, wo 60 % der Frauen studiert haben aber nur 38 % der Männer, ergibt folgendes Bild.

Tabelle 15: **Bruttojahresgehälter der Führungskräfte in der 3. Ebene und darunter**

	Männer	Frauen
< 100 TDM	38 %	60 %
101–150 TDM	13 %	35 %
> 150 TDM	38 %	5 %

Diese Zahlen erübrigen jeden Kommentar!

Das Gesamtbild ändert sich nicht: **Das Studium ist zwar mehr und mehr zur Selbstverständlichkeit für die Übernahme von Führungspositionen – insbesondere an der Spitze – geworden, doch die Einkommensnachteile können die Frauen durch akademische Abschlüsse nicht ausgleichen!**

Erfolgsfaktoren des Einstiegs

Neben der akademischen Ausbildung sind es insbesondere die während der Ausbildung ausgeübten direkt berufsorientierten Aktivitäten, wie z. B. Praktika, die einen Einstieg in eine Führungslaufbahn begünstigen. An zweiter Stelle rangieren Spezialkenntnisse (insbesondere von den Männern hervorgehoben), auf dem dritten Rang folgen Sprachkenntnisse. Kaum eine Rolle spielen nicht direkt berufsorientierte Aktivitäten neben der Ausbildung. Insofern ergeben sich auch keine Veränderungen gegenüber 1986 und 1991.

Bemerkenswerte Unterschiede zu den vorangegangenen Untersuchungen fallen bei der Bedeutung von persönlichen Beziehungen auf: Während bisher Frauen solchen Beziehungen mehr Bedeutung einräumten, sind es 1998 die Männer, und zwar deutlich mehr als 1986 und 1991.

Hervorzuheben ist auch der Erfolgsfaktor „äußere Erscheinung". Während Mitte der 80er Jahre diesem Faktor kaum Gewicht beigemessen wurde (alle Führungskräfte: 6 %, Männer: 7 %, Frauen: 5 %), wird er heute für wichtiger gehalten als die persönlichen Beziehungen (1986 war das noch umgekehrt).

Meilensteine der Karriere

Tabelle 16: Erfolgsfaktoren für den Berufseinstieg

Rangfolge 1998 (1991/1986)		
Führungskräfte insgesamt	**Männer**	**Frauen**
① während der Ausbildung ausgeübte direkt berufsorientierte Aktivitäten 63 % (51 % / 42 %)	① während der Ausbildung ausgeübte direkt berufsorientierte Aktivitäten 65 % (55 % / 42 %)	① währen der Ausbildung ausgeübte direkt berufsorientierte Aktivitäten 61 % (44 % / 42 %)
② Spezialkenntnisse 44 % (41 % / 35 %)	② Spezialkenntnisse 49 % (44 % / 38 %)	② Spezialkenntnisse 38 % (36 % / 29 %)
③ Sprachkenntnisse 25 % (26 % / –*)	③ Sprachkenntnisse 22 % (25 % / –*)	③ Sprachkenntnisse 28 % (29 % / –*)
④ äußere Erscheinung 21 % (15 % / 6 %)	④ äußere Erscheinung 21 % (14 % / 7 %)	④ äußere Erscheinung 21 % (16 % / 5 %)
⑤ persönliche Beziehungen 18 % (15 % / 12 %)	⑤ persönliche Beziehungen 21 % (14 % / 11 %)	⑤ persönliche Beziehungen 14 % (17 % / 15 %)
⑥ nicht direkt berufsorientierte Aktivitäten während der Ausbildung 5 % (6 % / 6 %)	⑥ nicht direkt berufsorientierte Aktivitäten während der Ausbildung 5 % (7 % / 7 %)	⑥ nicht direkt berufsorientierte Aktivitäten während der Ausbildung 5 % (3 % / 6 %)

* nicht erhoben

Insgesamt ist festzustellen, daß den neben der (akademischen) Ausbildung wirksam werdenden Erfolgsfaktoren für den Berufseinstieg ein zunehmendes Gewicht beigemessen wird. Das gilt für Männer wie für Frauen, wobei auch den verschiedenen Erfolgsfaktoren im wesentlichen geschlechtsunabhängig gleiches Gewicht zugeschrieben wird.

Männer bleiben eindeutig: Egal, ob auf der untersten erfaßten Führungsebene (3. Ebene und darunter) oder auf der ersten Führungsebene angesiedelt, die Rangfolge der Erfolgsfaktoren, die den Berufseinstieg erleichtert haben, bleibt gleich, wenn auch die Führungskräfte der unteren Ebene insgesamt die Bedeutung dieser Faktoren mehr betonen.

... aus der Sicht der Führungskräfte der 1. und 2. Ebene

Tabelle 17: Erfolgsfaktoren für den Berufseinstieg der Männer in der 1. und 3. Führungsebene

Männer:	1. Ebene	3. Ebene und darunter
① während der Ausbildung ausgeübte direkt berufsorientierte Aktivitäten	72 %	88 %
② Spezialkenntnisse	42 %	50 %
③ Sprachkenntnisse	28 %	38 %
④ äußere Erscheinung	25 %	25 %
⑤ persönliche Beziehungen	23 %	25 %
⑥ nicht direkt berufsorientierte Aktivitäten während der Ausbildung	2 %	13 %

Tabelle 18: Erfolgsfaktoren für den Berufseinstieg der Frauen in der 1. und 3. Führungsebene

Frauen:	1. Ebene	3. Ebene und darunter
① während der Ausbildung ausgeübte direkt berufsorientierte Aktivitäten	57 %	65 %
② Spezialkenntnisse	31 %	60 %
③ äußere Erscheinung	24 %	35 %
④ Sprachkenntnisse	21 %	45 %
⑤ persönliche Beziehungen	19 %	15 %
⑥ nicht direkt berufsorientierte Aktivitäten während der Ausbildung	2 %	6 %

Ergebnis: Frauen der ersten Ebene messen ihrer äußeren Erscheinung einen hohen Stellenwert beim Berufseinstieg bei! Sie halten sie für wichtiger als Sprachkenntnisse und persönliche Beziehungen! Auch die Frauen der dritten Ebene und darunter unterschätzen die Wirkung ihres Aussehens beim Start nicht, messen dennoch den Sprachkenntnissen mehr Bedeutung bei.

Betrachtet man die Männer und Frauen mit Einkommen von über DM 150.000 im Jahr (bei den Männern sind das mehr als 50 % und bei den Frauen nur 24 %), so ergeben sich wiederum in der Rangfolge der bedeutendsten Erfolgsfaktoren für den Berufseinstieg kaum Unterschiede.

... aus der Sicht der Spitzenverdiener

Tabelle 19: Erfolgsfaktoren für den Berufseinstieg von Führungskräften, die mehr als 150 TDM p.a. verdienen

	Männer	Frauen
① während der Ausbildung ausgeübte direkt berufsorientierte Aktivitäten	76 %	67 %
② Spezialkenntnisse	45 %	36 %
③ Sprachkenntnisse	22 %	49 %
④ äußere Erscheinung	23 %	26 %
⑤ persönliche Beziehungen	18 %	18 %
⑥ nicht direkt berufsorientierte Aktivitäten während der Ausbildung	5 %	3 %

1. Ein akademischer Abschluß wird für den Einstieg in eine Führungsposition immer selbstverständlicher, für den Aufstieg erst recht.

2. Die Bedeutung zusätzlicher qualifizierender Faktoren neben der (akademischen) Ausbildung für den Berufseinstieg und die ersten Erfolge in der Einstiegsphase hat seit 1986 und 1991 kontinuierlich zugenommen.

3. In der Rangfolge der Bedeutung besteht Einigkeit: Sowohl Männer als auch Frauen räumen den während der Ausbildung ausgeübten direkt berufsbezogenen Aktivitäten höchste Priorität ein; an zweiter Stelle werden Spezialkenntnisse und an dritter Stelle Sprachkenntnisse genannt.

4. Im Verlauf der letzten 12 Jahre ist der Faktor „persönliche Beziehungen" hinter den Faktor „äußere Erscheinung" zurückgetreten. 1986 waren persönliche Beziehungen noch wichtiger als die äußere Erscheinung, 1991 wurde beides für etwa gleich wichtig gehalten, 1998 dominiert – zumindest bei den Frauen – die äußere Erscheinung. Ergänzend sei darauf verwiesen, daß diese für besonders wichtig gehalten wird von Frauen in Dienstleistungsunternehmen

Zusammenfassung

und im Marketing, während sie im Bereich Finanzen/Rechnungswesen/Controlling eine vergleichsweise untergeordnete Rolle spielt. Männer in der Industrie halten die äußere Erscheinung inzwischen sogar für wichtiger als die persönlichen Beziehungen; letztere sind neben den herausragenden Spezialkenntnissen insbesondere für Männer im Handel wichtig für den Berufseinstieg. Männer in der Werbung, der EDV und der Geschäftsleitung – noch vor dem Marketing – meinen, daß die äußere Erscheinung für den Berufseinstieg von größerer Bedeutung war. Vergleichsweise unbedeutenden Einfluß messen dagegen Männer im Personalwesen und im Bereich Finanzen/Rechnungswesen/Controlling der äußeren Erscheinung in der Einstiegsphase bei.

5. Die geringe Bedeutung von Aktivitäten neben der Ausbildung, die nicht berufsbezogen sind, wurde bestätigt.

Hindernisse beim Einstieg

Zunächst ist festzustellen, daß die (offene!) Frage nach den Hindernissen beim Berufseinstieg von der Hälfte der Führungskräfte nicht beantwortet worden ist. 14 % (17 % der Männer und 10 % der Frauen) haben erklärt, keinen Hindernissen begegnet zu sein. Es bleibt also über 36 % der Führungskräfte zu berichten, die Hindernisse zu überwinden hatten.

Faßt man die einzelnen genannten Gründe für Behinderungen in der Einstiegsphase zusammen, ergibt sich folgendes Bild.

Tabelle 20: Hindernisse in der Einstiegsphase

	Männer	Frauen
Betriebliche und überbetriebliche Gründe (z. B. Arbeitsorganisation, Konjunktur etc.)	13 %	6 %
Mangelnde Qualifikation (mangelhafte Ausbildung, fehlende Erfahrung, kein Durchsetzungsvermögen etc.)	11 %	11 %
Probleme mit Vorgesetzten und Kollegen	5 %	18 %
Vorurteile gegenüber Frauen	–	16 %
Probleme der Vereinbarkeit von Familie und Karriere	0 %	5 %
Vorurteile wegen des Alters (zu jung, zu alt)	3 %	7 %

Wie schon 1991 so ist 1998 ebenfalls festzustellen, daß Männer sehr viel häufiger als Frauen von ihnen nicht beeinflußbare objektive oder objektivierbare Gründe für Behinderungen in der Phase des Einstiegs angeben. Im einzelnen werden die vorhandenen Betriebsstrukturen, die Arbeitsorganisation, die vorhandene Hierarchie und die mangelhafte Einarbeitung genannt. Außerdem spielen so allgemeine Faktoren wie die Arbeitsmarktsituation und die konjunkturelle Phase im Zeitraum des Einstiegs eine Rolle. Mangelnde Kenntnisse, Führungsfähigkeiten und Erfahrungen werden von Männern und Frauen gleich häufig als Ursache für Schwierigkeiten in der Einstiegsphase benannt.

Besonderes Augenmerk verdienen die Hindernisse, die sich als „Probleme mit Vorgesetzten und Kollegen" darstellen. Männer beklagen genauso wie Frauen mangelnde Akzeptanz und fehlende Unterstützung der Vorgesetzten, aber auch die Skepsis der Kollegen gegenüber der akademischen Ausbildung. Ein Blick auf die einzelnen Äußerungen der Frauen zeigt, daß die Probleme mit Vorgesetzten, Kollegen und Kolleginnen (!) aus den scheinbar unausrottbaren Vorurteilen gegenüber Frauen in Führungspositionen im allgemeinen resultieren. Aus der Rangfolge der Häufigkeiten der Nennungen ergibt sich folgender Katalog von Begründungen für dieses typische, sich den Frauen in den Weg stellende Hindernis in der Einstiegsphase:

1. Eine Frau zu sein!
2. Mangelndes Zutrauen/Mißtrauen der männlichen Geschäftsleitung und Geltungsbedürfnis des männlichen Vorgesetzten gegenüber der Frau.
3. Ablehnung einer Frau durch Frauen, Neid von Kolleginnen.
4. Vorurteile gegenüber Frauen in Führungspositionen.
5. Fehlende Akzeptanz und Neid von etablierten männlichen Kollegen.

Bemerkenswert ist allerdings zweierlei: Erstens betreffen diese Begründungen weniger die Geschäftsleitungen als die Kollegen und Kolleginnen. Zweitens **hat sich gegenüber 1991 der Prozentsatz der Frauen, der sich über frauenspezifische Hindernisse in Form von Vorurteilen beklagt, von 32 % auf 16 % reduziert. Anderseits sind wir damit etwa wieder da, wo wir 1986 schon waren: 1986 hatten ebenfalls 18 % der Frauen Vorurteile gegenüber „dem Frausein an sich" als Karrierehindernis in der Einstiegsphase genannt!**

Welche Bedeutung dieses Thema für Frauen nach wie vor hat, geht auch aus der Beantwortung einer weiteren Frage hervor. Immerhin stellen 32 % der Frauen fest, schon einmal eine geschlechtsbedingte Diskriminierung persönlich erfahren zu haben und 33 % geben an, vom Problem der Geschlechterkonkurrenz ebenfalls persönlich betroffen gewesen zu sein. Wohingegen – und das sei hier am Rande vermerkt – das Thema „Sexuelle Belästigung" so gut wie keine Rolle spielt, nur 6 % der Frauen und 1 % der Männer geben an, damit persönlich schon einmal zu tun gehabt zu haben.

Angesichts der geschilderten Situation stellt sich die Frage, ob es Branchen, Unternehmensgrößen und Aufgabenbereiche gibt, in denen Frauen seltener mit Vorurteilen rechnen müssen. Dazu ist folgendes festzustellen:

○ Der Anteil der Frauen, der sich über Vorurteile als Hindernisse in der Einstiegsphase beklagt, liegt zwischen 16 % im Dienstleistungssektor, 17 % im Handel und 18 % in der Industrie; andererseits stellen 34 % der Frauen in Dienstleistungsunternehmen fest, daß sie schon einmal in ihrem Berufsleben eine geschlechtsbedingte Diskriminierung erfahren haben, was für 33 % der Frauen in der Industrie und nur für 22 % der Frauen im Handel gilt. Somit kann keine eindeutige Aussage zugunsten einer Branche getroffen werden.

○ Der größere Anteil von Frauen, der sich durch Vorurteile behindert fühlt, findet sich in den größeren Unternehmen bzw. größten Unternehmen mit mehr als 1.000 Beschäftigten. Das gilt auch für die Frauen, die eine geschlechtsbedingte Diskriminierung bereits einmal persönlich erfahren haben.

○ Die meisten Frauen, die sich über vorurteilsbedingte Hindernisse beklagen, sind im Verkauf tätig (1998: 29 %, 1991: 31 %). Hier gilt es wohl immer noch, Vorbehalte zu überwinden, die im Marketing offenbar kaum mehr existieren (1998: 9 %, 1991: 29 %). Auch in den übrigen Bereichen Einkauf, Finanzen/Rechnungswesen/Controlling, Personalwesen und Werbung liegt die Quote bei durchschnittlich ca. 10 %. Andererseits ist festzustellen, daß der Anteil der Frauen, der schon einmal eine geschlechtsbedingte Diskriminierung erfahren hat, mit 40 % im Marketing fast doppelt so hoch ist wie im Verkauf mit 21 %. Dies dürfte jedoch nicht in der Einstiegsphase gewesen sein.

Anzumerken ist noch, daß weder hohe Frauenanteile unter allen Beschäftigten noch hohe Frauenanteile in Führungspositionen dahingehend wirken, daß Vorurteile gegenüber Frauen in der Einstiegsphase seltener erfahren werden. Die höchste Quote der Frauen, die sich über solche Hindernisse beklagen, findet sich mit 32 % in Unternehmen, in denen mehr als die Hälfte der Beschäftigten Frauen sind. Auch relativ hohe Frauenanteile in Führungspositionen – mehr als 10 % – bewirken nicht, daß sich weniger Frauen über Vorurteile in der Einstiegsphase beschweren: Genauso wie in Unternehmen mit Frauenanteilen in Führungspositionen von unter 5 % sind es in denen mit mehr als 10 % ca. 18 %. Ebenso ergibt die Frage nach erlebter geschlechtsbedingter Diskriminierung kein positives Bild für Unternehmen mit höheren Frauenanteilen in Führungspositionen: Die Quoten sind hier eher höher, kaum niedriger.

Wie schon 1991 so stellt offenbar das in der Öffentlichkeit breit diskutierte Thema der Vereinbarkeit von Karriere und Familie kein so großes Problem dar, wie vermutet wird. Gerade einmal 5 % der Frauen nannten Gründe wie Kinderbetreuung, Schwangerschaft, skeptische Reaktionen auf vorhandene Kinder und Ausfall durch Krankheit der Kinder als Hindernisse in der Einstiegsphase. Damit setzt sich ein Trend fort, der schon 1991 zu erkennen war, als 13 % der Frauen über Probleme der Vereinbarkeit von Karriere und Familie in der Einstiegsphase klagten. Diese Entwicklung ist um so bemerkenswerter, als 1998 sehr viel mehr Frauen in Führungspositionen verheiratet sind und Kinder haben als 1991!

1. Nur ein gutes Drittel der Führungskräfte berichtet über Hindernisse in der Einstiegsphase, explizit haben aber nur 17 % der Männer und 10 % der Frauen erklärt, keine Hindernisse gehabt zu haben; der Rest (50 %) hat die Frage nicht beantwortet.

2. Während Männer überwiegend in objektiven und objektivierbaren betrieblichen und außerbetrieblichen Bedingungen sowie persönlichen Qualifikationsdefiziten Hindernisse in der Einstiegsphase gesehen haben (24 %), gilt dies nur für 17 % der Frauen. Die meisten Frauen führen Vorurteile gegenüber Frauen (16 %) und vergleichsweise wenige Probleme der Vereinbarkeit von Familie und Karriere (5 %) als Hindernisse an. Damit wiederholt sich das Bild von 1986 und 1991: Karrierehindernisse liegen seltener in der Vereinbarkeit von Berufstätigkeit und Familie, sie sind immer noch häufiger in den Vorurteilen gegenüber Frauen begründet – jedenfalls in der Wahrnehmung der Frauen!

Zusammenfassung

4.2 Der Aufstieg: Was fördert und was bremst?

Erfolgsfaktoren des Aufstiegs

Wie bereits festgestellt, ist das Hochschuldiplom nicht nur die Eintrittskarte für eine Führungslaufbahn, sondern offenbar für den Aufstieg in die erste Ebene wichtiger denn je. Welche weiteren Faktoren – auch im Vergleich zum Einstieg – eine Rolle spielen, zeigt folgende Übersicht.

Tabelle 21: Erfolgsfaktoren für den Aufstieg (Einstieg)

	Führungskräfte insgesamt	Männer	Frauen
① Spezialkenntnisse	67 % (44 %)	69 % (49 %)	65 % (38 %)
② Sprachkenntnisse	25 % (25 %)	27 % (22 %)	24 % (28 %)
② während der Ausbildung ausgeübte direkt berufsbezogene Aktivitäten	25 % (63 %)	30 % (65 %)	19 % (61 %)
③ persönliche Beziehungen	22 % (18 %)	24 % (21 %)	20 % (14 %)
③ äußere Erscheinung	22 % (21 %)	23 % (21 %)	20 % (21 %)
⑤ nicht direkt berufsbezogene Aktivitäten während der Ausbildung	8 % (5 %)	8 % (5 %)	9 % (5 %)

Was ist das Ergebnis?

1. Spezialkenntnisse erweisen sich als wichtigster Erfolgsfaktor!
2. Sprachkenntnisse „halten ihre Stellung" – was die Bedeutung angeht.
3. Die Bedeutung der während der Ausbildung ausgeübten direkt berufsbezogenen Aktivitäten reduziert sich gegenüber der Einstiegsphase erklärlicherweise drastisch; leicht an Bedeutung gewinnen dagegen nicht direkt berufsbezogene Aktivitäten, die möglicherweise im Einzelfall nützliche persönliche Beziehungen zur Folge haben (jedenfalls werden diese etwas häufiger als in der Einstiegsphase genannt).
4. Die persönlichen Beziehungen werden in der Aufstiegsphase etwas höher bewertet als in der Einstiegsphase. Insbesondere Frauen, die in der Einstiegsphase noch der äußeren Erscheinung mehr Bedeutung beigemessen haben als der persönlichen Beziehung, erkennen häufiger deren Wert für den Aufstieg. Interessanterweise bewerten

die Männer die äußere Erscheinung für den Aufstieg etwas höher als für den Einstieg, ohne jedoch die Bedeutung persönlicher Beziehungen zu vernachlässigen.

Welche sonstigen Einflußfaktoren haben den Aufstieg der Führungskräfte begünstigt?

Da wird an erster Stelle sowohl von Frauen als auch von Männern die „besondere Persönlichkeit" (28 %) genannt. Sie zeichnet sich vorrangig durch hohe Einsatzbereitschaft, ebensolches Leistungsvermögen, Fleiß und Initiative aus. Ein weiteres hervorragendes Merkmal ist die Anpassungsfähigkeit an neue Anforderungen, was ein entsprechendes Auffassungsvermögen und eine hohe Lernfähigkeit voraussetzt. Damit ist auch die Bereitschaft zum Wechsel gemeint, und zwar sowohl innerhalb des Unternehmens als auch über die Unternehmensgrenzen hinweg. Interessanterweise spielen allerdings Auslandsaufenthalte eine nur geringe Rolle für den Aufstieg. Als weiteres für den Aufstieg bedeutendes Merkmal wird das Durchhaltevermögen bzw. die Belastbarkeit, verbunden mit den Möglichkeiten der Streßbewältigung genannt. Im Vergleich zu 1991 gibt es hier keine abweichende Prioritätensetzung, auch zwischen Männern und Frauen keine nennenswerten Unterschiede.

An zweiter Stelle werden in der Rangfolge der Häufigkeit die **besonderen Führungsfähigkeiten** genannt (16 %), und zwar von Frauen etwas häufiger (19 %) als von Männern (13 %). Dies ist darauf zurückzuführen, daß Frauen im Vergleich zu den Männern insbesondere den sozialen Kompetenzen und dem Durchsetzungsvermögen erheblich mehr Bedeutung für den Aufstieg zuschreiben als die Männer. Zwar ist auch für Männer die soziale Kompetenz unter den Führungsfähigkeiten am wichtigsten, doch legen sie deutlich mehr Wert auf Zielorientierung und strategisches Denken als Frauen. Auch 1991 wurden schon die Fähigkeiten zur Teamarbeit und der gute Umgang mit Menschen ähnlich hoch eingeschätzt, und zwar sowohl von Männern als auch von Frauen. **Bemerkenswert ist, daß Frauen 1998 wie schon 1991 insbesondere dem Durchsetzungsvermögen eine höhere Bedeutung für den Erfolg zuschreiben als Männer.**

Einen deutlich geringeren Einfluß auf den Aufstieg haben Ausbildung, Weiterbildung und Erfahrung; dabei ist anzumerken, daß Frauen der Weiterbildung eine größere Bedeutung beimessen als Männer. Betriebliche Bedingungen und sonstige äußere Einflüsse sind fast zu vernachlässigen, hatten nur in besonderen Einzelfällen eine Bedeutung, so wenn beispielsweise die vorgesetzte Frau schwanger wird und dadurch der Mann seine Chance wahrnehmen kann. Glück und Zufall sind ebenfalls keine verläßlichen Garanten für den Aufstieg.

Betrachtet man die Führungskräfte in der ersten Ebene, so fällt auf, daß sie die genannten bedeutenden Einflußfaktoren noch mehr betonen als die Führungskräfte der zweiten und dritten Ebene. Am wichtigsten sind mit Abstand Spezialkenntnisse; auch Sprachkenntnisse werden überdurchschnittlich häufig genannt. Daneben dominieren der besondere Einsatz, das besondere Engagement, Fleiß und Leistungsvermögen. Und **Frauen in der ersten Ebene nennen weit überdurchschnittlich häufig das Durchsetzungsvermögen als einen der bedeutendsten Einflußfaktoren für den Aufstieg, während nicht ein einziger Mann in der ersten Ebene darauf Bezug nimmt!**

Wenn auch von den Führungskräften nicht explizit als Erfolgsfaktor erwähnt, so spielt doch für jede Karriere die **Förderung durch Vorgesetzte** eine Rolle. Die Frage nach einer derartigen Förderung ergibt folgendes Bild.

Tabelle 22: Erfolgsfaktor Förderung

Förderung durch	Führungskräfte insgesamt	Männer	Frauen
– männliche Vorgesetzte	60 %	64 %	56 %
– weibliche Vorgesetzte	3 %	1 %	4 %
– sowohl als auch	7 %	5 %	10 %
– keine Förderung	30 %	30 %	30 %

Damit wird zum dritten Mal nach 1986 und 1991 die Vermutung widerlegt, daß Frauen seltener als Männer in ihrer Karriere durch Vorgesetzte gefördert werden. 1991 wurden 67 % der Frauen und 65 % der Männer gefördert, 1986 60 % der Frauen und 62 % der Männer.

Zusammenfassung

1. Spezialkenntnisse erweisen sich mit Abstand als wichtigster Erfolgsfaktor für den beruflichen Aufstieg.

2. Die „besondere Persönlichkeit", vorrangig geprägt durch hohen Einsatz, Engagement, Fleiß, Leistungsvermögen und Initiative, wird als zweitwichtigstes Erfolgskriterium eingestuft.

3. Sprachkenntnisse werden mit höherer Hierarchiestufe immer wichtiger, wenngleich Auslandsaufenthalte für ziemlich unbedeutend gehalten werden.

4. Die persönlichen Beziehungen gewinnen in der Aufstiegsphase an Bedeutung.
5. Die äußere Erscheinung wird zu einem gleichrangigen Erfolgsfaktor.
6. Gegenüber 1991 sind sonst kaum nennenswerte Veränderungen festzustellen; das gilt insbesondere für die fast vollständig übereinstimmende Beurteilung der Erfolgsfaktoren durch Männer und Frauen. Ein bemerkenswerter Unterschied hat sich allerdings als konstant erwiesen: Wie schon 1991 heben Frauen – und zwar insbesondere Frauen an der Spitze – ihr Durchsetzungsvermögen als Erfolgsfaktor hervor, was Männern kaum und Männern an der Spitze nicht einmal erwähnenswert erscheint!
7. 70 % der Führungskräfte geben an, daß sie von Vorgesetzten gefördert wurden. Das gilt unterschiedslos sowohl für Männer wie für Frauen!

48 % der Männer und 38 % der Frauen haben hierzu keine Angaben gemacht; allerdings haben nur 6 % der Frauen und 13 % der Männer explizit erklärt, keine Hindernisse bei ihrem beruflichen Aufstieg bewältigt haben zu müssen. Das bedeutet, daß mehr als die Hälfte der Frauen (56 %) und immerhin auch 39 % der Männer Auskunft darüber gegeben haben, was sich ihnen in der Aufstiegsphase ihrer Karriere in den Weg gestellt hat.

Hindernisse beim Aufstieg

Tabelle 23: Hindernisse in der Aufstiegsphase

	Männer	Frauen
Betriebliche und überbetriebliche Gründe (z. B. Umstrukturierung nach Fusion, Enteignung des Unternehmens, neue gesetzliche Regelungen)	14 %	8 %
Mangelnde Qualifikation (fehlende Kenntnisse u. Erfahrungen, mangelndes Durchsetzungsvermögen, zu geringes Engagement etc.)	4 %	7 %
Probleme mit Vorgesetzten und Kollegen	14 %	7 %
Vorurteile gegenüber Frauen	–	33 %
Probleme der Vereinbarkeit von Familie und Karriere	0 %	6 %

	Männer	Frauen
Vorurteile wegen des Alters (zu jung, zu alt)	2 %	6 %
fehlende Beziehungen	4 %	1 %

Im Vergleich zur Einstiegsphase ist festzustellen, daß „mangelnde Qualifikation" deutlich seltener und „betriebliche und überbetriebliche Gründe" etwa gleich häufig genannt werden. Explizit wird von einigen wenigen Führungskräften auf ihren Mangel an Beziehungen hingewiesen. Im Vergleich zur Einstiegsphase gewinnen die „Probleme mit Vorgesetzten und Kollegen" an Bedeutung. Wenn Männer solche nennen, dann beklagen sie die mangelnde Qualität der Führung, indem sie die Vorgesetzten als „unqualifiziert, inkompetent und schwach" beschreiben. Einer solchen Führung werden „mangelnde Vorgaben", „mangelnde Delegationsfähigkeit", „langsame Reaktionen" und „Entscheidungsprobleme" angelastet. Das schlägt sich nieder unter anderem in „mangelnder Förderung" und „Abblocken durch Vorgesetzte".

Wenn Frauen Probleme mit Vorgesetzten und Kollegen nennen, sagen sie ganz offen, daß hier Vorurteile im Spiel sind. **Im Vergleich zur Einstiegsphase beklagen sich doppelt so viele Frauen über Hindernisse, die sich in Vorurteilen niederschlagen bzw. aus solchen resultieren.** Wenn in der Einstiegsphase die Probleme mit Vorgesetzten und insbesondere Kollegen noch unspezifiziert genannt werden, so wird für die Aufstiegsphase unverhohlen festgestellt, worauf sie zurückzuführen sind: nämlich darauf, eine Frau zu sein! Männer behindern und blockieren, Männer mißtrauen den weiblichen Fähigkeiten, männliche Unternehmensleitungen können die Leistung von Frauen nicht anerkennen, woraus ein Druck entsteht, noch mehr zu leisten; gleichzeitig wird beklagt, daß Intuition und Gefühl als störend betrachtet werden. Außerdem wird mangelnde Gleichbehandlung registriert. Auch Kollegen und Mitarbeiter können zuweilen Frauen in Führungspositionen nicht oder nur schlecht akzeptieren. Und der Aufstieg von mehr Frauen als bisher führt dazu, daß gewissermaßen eine „neue Front" entsteht: Manche Frau lehnt Frauen ab, andere sind dem Neid von Kolleginnen ausgesetzt.

Vergleicht man diese Ergebnisse mit 1991, so ist eine Entspannung der Situation für Frauen nicht festzustellen: 1991 gaben 30 % der Frauen an, in der Aufstiegsphase durch Vorurteile gegenüber Frauen, Benachteiligungen als Frau, schlicht durch die Tatsache des „Frauseins" behindert worden zu sein. Unter Einbeziehung der als neutral bezeichneten „Probleme mit Vorgesetzten und Kollegen", hinter denen sich möglicherweise auch Vorbehalte gegenüber Frauen verbergen können, waren es sogar 37 %. Die Vergleichszahl für 1998 lautet: 40 %!

Selbstverständlich ist nicht auszuschließen, daß konkrete, eigentlich ganz „normale" Probleme der Zusammenarbeit zwischen Führungskräften im Fall der Zusammenarbeit von Männern und Frauen gedanklich auf die Ebene der Geschlechterkonkurrenz geschoben werden, zumal 33 % der Frauen angeben, diese in ihrem Berufsleben schon einmal persönlich erlebt zu haben. Dennoch darf man nicht außer Acht lassen, daß 32 % der Frauen feststellen, ebenfalls persönlich schon einmal als Frau diskriminiert worden zu sein, so daß die hier in ähnlichem Umfang genannten Vorurteile durchaus karrierebeeinträchtigende Wirkungen gehabt haben dürften, und nicht als gedankliches Konstrukt zu unterschätzen sind.

Ein Blick auf die **Branchen** ergibt kein eindeutiges Bild: Die Anteile der Frauen, die Vorurteile im weitesten Sinne als Hindernis beim Aufstieg nennen, reichen von 28 % in Dienstleistungsunternehmen über 34 % im Handel bis zu 35 % in der Industrie. Damit sind die Anteile in allen Branchen in der Aufstiegsphase wesentlich höher als in der Einstiegsphase. Es bestätigt sich eine gewisse Rangfolge: In beiden Phasen findet sich der höchste Anteil in der Industrie, der niedrigste in Dienstleistungsunternehmen. Dennoch scheinen die Vorurteile in Dienstleistungsunternehmen etwas häufiger als im Handel und in der Industrie zu konkreter Diskriminierung zu führen. Die Frage nach der persönlichen Erfahrung mit geschlechtsbedingter Diskriminierung wird nämlich im Handel von 22 %, in der Industrie von 33 % und in Dienstleistungsunternehmen von 34 % der Frauen bejaht. Anders ausgedrückt: Unter dem Gesichtspunkt der Chancengleichheit von Frauen kann für keine Branche ein eindeutig positives Urteil gefällt werden.

Etwas anders verhält es sich mit der **Unternehmensgröße** als Indikator für Chancengleichheit. Ähnlich wie schon für die Einstiegsphase festgestellt, ist der Anteil der Frauen, der Vorurteile als Karrierehindernis beim Aufstieg nennt, in den kleineren Unternehmen etwas geringer, wenn man als Maßstab den Umsatz zugrundelegt. Nicht ganz so eindeutig ist das Bild bei der Verwendung der Beschäftigtenzahl als Abgrenzungskriterium, wenngleich der höchste Anteil an geschlechtsbedingt diskriminierten Frauen aus Unternehmen mit mehr als 1.000 Beschäftigten kommt.

Gibt es eventuell **Ressorts,** in denen der Aufstieg weniger durch Vorurteile behindert wird als woanders?

Im Vergleich zur Einstiegssituation nimmt in allen Aufgabenbereichen die vorurteilsbedingte Behinderung zu. In Übereinstimmung mit der Anzahl der Frauen, die schon einmal persönlich geschlechtsbedingte Diskriminierung erfahren haben, ist als besonders „frauenfreundliches" Ressort eindeutig der Bereich Finanzen/Rechnungswesen/Controlling zu identifizieren. Dieses Ergebnis stimmt mit der Situation von 1991 überein. Schwieriger scheint inzwischen der Aufstieg im Personalbereich zu sein, ungehinderter dagegen im Marketing. Eine große Rolle spielen Vorurteile nach wie vor für Frauen im Einkauf.

Zuletzt noch eine Anmerkung zu dem bei Frauen sehr beliebten Arbeitsbereich Werbung/PR/Kommunikation: Hier findet sich ein besonders hoher Anteil an Frauen, der schon einmal geschlechtsbedingter Diskriminierung ausgesetzt war, nämlich 56 % (zum Vergleich: im Marketing sind es 40 %).

Die erstmalig gestellte Frage nach persönlicher Erfahrung mit dem Phänomen „Mobbing" beantworten nicht nur Frauen, sondern auch Männer dahingehend, daß der Bereich Werbung/PR/Kommunikation die Rangliste der „mobbingfreudigsten" Arbeitsbereiche anführt, dicht gefolgt vom Marketing! An dieser Stelle sei angemerkt, daß immerhin 26 % aller Männer schon einmal persönlich mit diesem Phänomen Bekanntschaft gemacht haben (zum Vergleich: 21 % der Frauen).

Zuletzt sei noch ein Blick auf die **Frauenanteile** an der Gesamtzahl der Beschäftigten und die Frauenanteile in Führungspositionen geworfen. Das Bild ist wiederum nicht eindeutig. Zwar ist der Anteil an Frauen in Führungspositionen, der sich über Vorurteile beklagt, in Unternehmen mit geringem Frauenanteil an den Beschäftigten (weniger als 25 %) am höchsten, doch sinkt er andererseits keineswegs mit höherem Anteil an Frauen in Führungspositionen. Zwar wird von Frauen aus Unternehmen mit niedrigerem Anteil an Frauen mit Führungspositionen häufiger das Phänomen der „Geschlechterkonkurrenz" als Bestandteil der persönlichen Erfahrungen genannt, dennoch kann nicht festgestellt werden, daß höhere Anteile an Frauen in Führungspositionen gewissermaßen Schutz vor geschlechtsbedingter Diskriminierung bieten.

Erwähnenswert erscheint allerdings in diesem Zusammenhang, daß mit zunehmendem Frauenanteil an den Beschäftigten insgesamt Frauen in Führungspositionen häufiger dem Mobbing ausgesetzt sind:

Frauenanteil an Beschäftigten insgesamt	bis 25 %	26–50 %	51–75 %	76–100 %
Mobbing gegenüber Frauen in Führungspositionen	16 %	23 %	24 %	27 %

Eine ähnliche Beobachtung läßt sich für Männer nicht machen.

Abschließend sei noch einmal auf das eher als unbedeutend eingeschätzte Karrierehindernis der Vereinbarkeit von Familie und Beruf hingewiesen, obwohl 50 % der Frauen mindestens ein Kind haben. Für Männer stellt dies nach wie vor kein Problem dar, aber auch für Frauen hat es untergeordnete Bedeutung. Nur für 6 % der Frauen war das ein Hindernis beim Aufstieg, kaum häufiger als in der Einstiegsphase (5 %). Damit liegt der Anteil noch unter dem 1991 festgestellten Anteil von 10 %.

1. Für Männer sind „betriebliche und außerbetriebliche Gründe" ebenso wie die „Probleme mit Vorgesetzten und Kollegen" gleichermaßen häufige Hindernisse auf dem Weg nach oben. Insbesondere wird die Schwäche der unmittelbaren Vorgesetzten und der ersten Führungsebene als Karrierehindernis hervorgehoben.

2. Dies sehen Frauen zwar anteilsmäßig genauso, dennoch sind insgesamt diese beiden Begründungen nachrangig gegenüber den Vorurteilen, die Frauen in Führungspositionen nach wie vor entgegengebracht werden. Das hat sich offenbar qualitativ und quantitativ seit 1991 nicht geändert!

3. Ebenfalls unverändert nachrangig wird von Frauen in Führungspositionen das Problem der Vereinbarkeit von Familie und Karriere gesehen, zumindest stellt es kein bedeutendes Hindernis auf dem Weg nach oben dar. Dies ist um so bemerkenswerter als 1991 nur 68 % der Frauen verheiratet (oder fest an einen Partner gebunden) waren und nur 38 % der Frauen Kinder hatten, und gleichzeitig nur 10 % der Frauen dies als Hindernis auf dem Weg nach oben einstuften; 1998 geben 75 % der Frauen an, verheiratet zu sein, 50 % haben Kinder, jedoch nur 6 % sind dadurch in ihrem Aufstieg beeinträchtigt worden. Daß dies für 0 % der Männer gilt, das bedarf wohl keiner besonderen Erwähnung.

Zusammenfassung

Exkurs: Frauenförderung

Wie bereits festgestellt, wurden Frauen und Männer, die heute in Führungspositionen sind, gleichermaßen durch ihre Vorgesetzten gefördert. Das entspricht den Ergebnissen der Studien von 1986 und 1991.

Tabelle 24: Durch Vorgesetzte geförderte Männer und Frauen

	1986	1991	1998
Männer	62 %	65 %	70 %
Frauen	60 %	67 %	70 %

Diese Zahlen provozieren geradezu die Frage, welchen Sinn und welches Ziel daneben besondere Frauenfördermaßnahmen haben sollen und können.

Das gilt um so mehr, als der Katalog der insbesondere in Großunternehmen installierten Frauenfördermaßnahmen im höchsten Maße auf das gerichtet ist, was Frauen als eines der selteneren Karrierehindernisse angeben, nämlich auf die Vereinbarkeit von Familie und Karriere.

Wie eine Auskunft der 53 größten Unternehmen in Deutschland aus dem Jahre 1996 (Bischoff, Sonja, Top-Arbeitgeber für Frauen – wer sie sind, was sie bieten, Mannheim 1996) ergab, werden folgende Angebote – in der Rangfolge ihrer Häufigkeit aufgelistet – gemacht:

1. flexible Arbeitszeiten (98 %),

2. Freistellung über den gesetzlichen Erziehungsurlaub hinaus (80 %),

3. Wiedereinstiegszusagen (70 %),

4. individuelle Lösungen im Fall von Konflikten zwischen Familie und Karriere (57 %),

5. Kinderbetreuung (55 %),

6. flexibler Arbeitsort (45 %) und

7. bei Ortswechsel Unterstützung bei der Suche nach einem Arbeitsplatz für den Partner (20 %).

Bereits die Untersuchung aus dem Jahr 1991 zeigte, daß Frauen in Unternehmen, in denen Frauenfördermaßnahmen installiert worden waren, weder höhere Positionen in der Hierarchie erreicht hatten noch höhere Einkommen für sich verbuchen konnten. Auch im Hinblick auf die Zufriedenheit mit dem Karriereverlauf und die Aufstiegsorientierung konnten keine Unterschiede zwischen Frauen in Unternehmen mit und ohne Frauenfördermaßnahmen festgestellt werden. Insgesamt wurde eine deutlich zurückhaltende – wenn nicht gar negative Beurteilung abgegeben.

Auf die Frage: „Wie beurteilen Sie solche Maßnahmen (z. B. Existenz einer Frauen- bzw. Gleichstellungsbeauftragten, Wiedereinstiegszusagen nach Familienpausen, frauenspezifische Maßnahmen der Personalentwicklung) im Hinblick auf ihre Wirksamkeit?" antworteten 1998 und 1991 die Führungskräfte wie folgt:

Tabelle 25: Beurteilung von Frauenfördermaßnahmen 1998 (1991)

	Männer	Frauen
werden den Frauenanteil schnell und nachhaltig erhöhen	2 % (8 %)	7 % (10 %)
werden den Frauenanteil nur unwesentlich erhöhen	44 % (60 %)	38 % (46 %)
werden wirkungslos bleiben	20 % (8 %)	13 % (6 %)
werden wegen mangelnder Akzeptanz bei den Entscheidungsträgern eher Abwehrhaltungen erzeugen/verstärken	21 % (11 %)	31 % (25 %)
sind wohl eher als zeitgemäße PR-Maßnahmen zu interpretieren	28 % (16 %)	44 % (20 %)

Die Übersicht zeigt, daß die zurückhaltende Beurteilung der Männer und die eher skeptische Einschätzung der Frauen im Jahr 1991 sich 1998 deutlich verstärkt haben. Nur noch 46 % der Männer (nach 68 % im Jahr 1991) und 45 % der Frauen (nach 56 % im Jahr 1991) glauben, daß solche Maßnahmen überhaupt geeignet sind, den Frauenanteil in Führungspositionen zu erhöhen. Insbesondere die Frauen stehen solchen Maßnahmen ablehnend und negativ kritisch gegenüber: 44 % halten sie für eine zeitgemäße PR-Maßnahme, 31 % gehen sogar soweit zu sagen, daß dadurch Abwehrhaltungen bei den (zumeist männlichen) Entscheidungsträgern geradezu erst erzeugt oder verstärkt werden. Diese Beurteilung verwundert nicht, wenn man in Betracht zieht, daß trotz der Diskussion um solche Maßnahmen und deren Einführung das qualitative und quantitative Ausmaß der Vorurteile, die Frauen in Führungspositionen erfahren, seit 1991 nicht geringer geworden ist.

Bemerkenswert ist dieses Urteil um so mehr, als in immerhin 23 % der Unternehmen, in denen die männlichen und weiblichen Führungskräfte beschäftigt sind, schon einmal über Frauenfördermaßnahmen diskutiert worden ist, und in 41 % dieser Unternehmen dann konkrete Maßnahmen eingeführt wurden.

Tabelle 26: Unternehmen mit Frauenfördermaßnahmen

Frauenfördermaßnahmen	Männer	Frauen
– sind diskutiert worden	26 %	19 %
– sind nach der Diskussion eingeführt worden	40 %	44 %

Das bedeutet, daß in nicht einmal der Hälfte der Unternehmen, in denen Frauenfördermaßnahmen diskutiert worden sind, diese auch eingeführt wurden.

In konkreten Fällen bedeutet dies, daß von den 348 Unternehmen, aus denen die Führungskräfte kommen, nur 33 eine besondere Frauenförderung betreiben. Damit sind in der Auswertung von 1998 etwa 9 % Unternehmen enthalten, die aktive Frauenförderung betreiben, während es 1991 15 % waren. Ob diese Zahlen mehr als nur die Basis für die in Tabelle 25 wiedergegebenen Meinungen liefern, oder ob sie auch einen Trend zum Rückzug angesichts unbefriedigender Ergebnisse darstellen, der Frage kann an dieser Stelle nicht nachgegangen werden.

Allenfalls läßt sich ein Zusammenhang zwischen Frauenanteilen in Führungspositionen und Frauenfördermaßnahmen vermuten. In Zahlen ausgedrückt ergibt sich folgendes Bild.

Tabelle 27: Frauenanteile in Führungspositionen und Frauenfördermaßnahmen

	0 %	1–5 %	6–10 %	> 10 %
von allen Unternehmen haben Frauenanteile in Führungspositionen	0 %	1–5 %	6–10 %	> 10 %
mit konkreten Maßnahmen der Frauenförderung in der jeweiligen Kategorie	7 %	10 %	0 %	11 %

D. h., daß von den Unternehmen, in denen es keine einzige Frau in einer Führungsposition gibt, immerhin 7 % über konkrete Maßnahmen der Frauenförderung verfügen.

Andererseits läßt sich feststellen, daß von den Unternehmen, in denen 6 % bis 10 % der Führungspositionen mit Frauen besetzt sind, kein einziges über sogenannte Frauenfördermaßnahmen verfügt.

Ein Zusammenhang zwischen Frauenfördermaßnahmen und der Höhe der Frauenanteile in Führungspositionen ist zumindest auf der Basis der hier vorliegenden Daten nicht erkennbar.

Bliebe abschließend noch ein Blick auf die Frauen und Männer zu werfen, die in Unternehmen beschäftigt sind, in denen Frauenförderung betrieben wird. Wie urteilen diejenigen, die solche Maßnahmen nicht nur vom Hörensagen kennen, sondern unter Umständen sogar aktiv an ihrer Einführung mitgewirkt haben?

Tabelle 28: Urteil der Führungskräfte aus Unternehmen, in denen Frauenfördermaßnahmen angeboten werden

	Männer	Frauen
werden den Frauenanteil schnell und nachhaltig erhöhen	10 %	7 %
werden den Frauenanteil nur unwesentlich erhöhen	53 %	61 %
werden wirkungslos bleiben	16 %	15 %
werden wegen mangelnder Akzeptanz bei den Entscheidungsträgern eher Abwehrhaltungen erzeugen/verstärken	11 %	15 %
sind wohl eher als zeitgemäße PR-Maßnahmen zu interpretieren	11 %	7 %

Führungskräfte, die gewissermaßen „näher dran" sind, beurteilen Frauenfördermaßnahmen zwar auch sehr zurückhaltend und skeptisch, dennoch ist die Ablehnung nicht ganz so ausgeprägt wie beim Durchschnitt der Männer und Frauen.

Was die familiäre Situation der Frauen angeht, so liegt der Anteil verheirateter Frauen und solcher mit Kindern in den „Frauenförderunternehmen" mit 85 % und 54 % nur geringfügig über dem Durchschnitt. Bei den beiden zuletzt gemachten Aussagen muß bedacht werden, daß die äußerst geringe Zahl der Frauen keine weitreichenden Schlüsse zuläßt, zumal auch nicht bekannt ist, ob diese Frauen überhaupt von den angebotenen Frauenfördermaßnahmen Gebrauch gemacht haben.

Selbstverständlich können auf der Basis der hier vorgelegten Daten und Aussagen keine abschließenden Urteile über die Effektivität von Frauenfördermaßnahmen gefällt werden; es darf aber bezweifelt werden, daß angesichts der geringen Akzeptanz die angestrebten Ziele effizient erreicht werden. Die Erwartungen Ende der 80er/Anfang der 90er Jahre dürften angesichts der Ergebnisse von heute zu hoch gewesen sein. Zumindest kann – wie auch schon 1986 und 1991 – eine besondere Frauenförderung nicht mit dem Mangel an Förderung durch Vorgesetzte begründet werden, da ein solcher nicht vorhanden ist.

4.3 Was ist erreicht worden?
Einkommen und Position

Einkommen und hierarchische Position

Angesichts des bereits konstatierten Einkommensnachteils der Frauen (vgl. Tabellen 7, 7 a, 7 b) stellt sich die Frage, ob hierfür eventuell der höhere Frauenanteil in der dritten Führungsebene eine Rolle spielt: Nur 4 % der Männer aber 12 % der Frauen ordnen sich auf der dritten Ebene und darunter ein. Andererseits weist die zweite Ebene mit 60 % der Frauen und 62 % der Männer gleich hohe Anteile auf (vgl. Tabelle 5).

Tabelle 29: Einkommen in der 3. Führungsebene und darunter

	1986	1991	1998
Männer			
bis 80 TDM	16 %	15 %	0 %
81 bis 100 TDM	23 %	18 %	38 %
101 bis 150 TDM	53 %	48 %	13 %
151 bis 200 TDM	7 %*	17 %	13 %
über 200 TDM		2 %	25 %
Frauen			
bis 80 TDM	46 %	49 %	30 %
81 bis 100 TDM	26 %	23 %	30 %
101 bis 150 TDM	24 %	27 %	35 %
151 bis 200 TDM	4 %*	1 %	5 %
über 200 TDM		0 %	0 %

* 1986 über 150 TDM

Kein Mann in der dritten Ebene und darunter verdient noch unter DM 80.000 im Jahr, wohl aber 30 % der Frauen! Wenn andererseits 25 % der Männer in der dritten Ebene und darunter bereits mehr als DM 200.000 verdienen, so ist dies gewiß eher die Ausnahme als die Regel. Daher sei der Blick auf die Gehaltsklasse „151 bis 200 TDM" geworfen: 13 % der Männer finden sich hier wieder, aber nur 5 % der Frauen! Andererseits muß man sich damit trösten, daß sich die Einkommenssituation der Frauen auf dieser untersten erfaßten Ebene im Vergleich zu 1991 deutlich verbessert hat, was zwischen 1986 und 1991 nicht der Fall war.

Betrachten wir nun die zweite Führungsebene, die 1998 proportional etwa von gleichviel der Frauen und der Männer besetzt ist.

Tabelle 30: Einkommen in der 2. Führungsebene

	1986	1991	1998
Männer			
bis 80 TDM	4 %	4 %	4 %
81 bis 100 TDM	15 %	9 %	17 %
101 bis 150 TDM	62 %	45 %	34 %
151 bis 200 TDM	17 %*	26 %	31 %
über 200 TDM		16 %	12 %
Frauen			
bis 80 TDM	14 %	22 %	24 %
81 bis 100 TDM	29 %	24 %	18 %
101 bis 150 TDM	52 %	41 %	39 %
151 bis 200 TDM	5 %*	12 %	11 %
über 200 TDM		1 %	7 %

* 1986 über 150 TDM

Deutlich mehr Frauen als Männer befinden sich in der untersten Einkommensklasse, deutlich weniger Frauen als Männer in den beiden höchsten Einkommensklassen! Gegenüber 1991 hat sich die Einkommenssituation der Frauen in der zweiten Ebene fast gar nicht verändert, die der Männer hat sich mehr gespreizt, zumindest ist ein Einkommenssprung nach oben wie zwischen 1986 und 1991 nicht zu beobachten.

Bleibt noch ein Blick auf die Einkommenssituation in der ersten Führungsebene zu werfen.

Tabelle 31: Einkommen in der 1. Führungsebene

	1986	1991	1998
Männer			
bis 80 TDM	9 %	7 %	5 %
81 bis 100 TDM	2 %	2 %	2 %
101 bis 150 TDM	50 %	32 %	23 %
151 bis 200 TDM	40 %*	25 %	25 %
über 200 TDM		34 %	43 %
Frauen			
bis 80 TDM	30 %	9 %	19 %
81 bis 100 TDM	17 %	9 %	17 %
101 bis 150 TDM	40 %	55 %	21 %
151 bis 200 TDM	13 %*	14 %	19 %
über 200 TDM		13 %	24 %

* 1986 über 150 TDM

Hier geht es nach oben! Männer verbessern deutlich ihre Einkommenssituation gegenüber 1991, nachdem sie schon zwischen 1986 und 1991 gut zugelegt hatten. Dies galt erfreulicherweise auch für Frauen; 1998 ist das Bild nicht ganz so eindeutig, viele haben mehr erreicht, aber viele stehen im Vergleich zu 1991 auch schlechter da. Und sie erreichen auch in Spitzenpositionen nicht das Einkommen der Männer!

Ergebnis: Frauen verdienen in jeder der Führungsebenen im allgemeinen weniger als Männer in derselben hierarchischen Position! Der Abstand konnte durch die Einkommensverbesserungen zwischen 1991 und 1998 nicht beseitigt werden.

Einkommen und Position in verschiedenen Branchen

Welche Führungsebenen besetzen Männer und Frauen in den verschiedenen Branchen?

Betrachtet man die Zahlen von 1998, so fällt die proportionale Gleichverteilung der Männer und Frauen auf die Führungsebenen im Handel auf. Im Vergleich zu den Vorjahren haben offenbar Frauen hier ihre Position deutlich verbessern können. Ähnliches gilt zwar auch für die Industrie und die Dienstleistungsunternehmen, doch haben Frauen hier im Verhältnis zu den Männern noch nicht gleichgezogen. Die Frage, ob es sich bei diesen Verteilungen nur um die Zufälligkeiten einer Zufallsstichprobe handelt, kann selbstverständlich nicht beantwortet werden. Dennoch gewinnt gerade bei proportionaler Gleichverteilung und der Annäherung hieran der Einkommensvergleich an Aussagekraft.

Tabelle 32: Hierarchische Position in verschiedenen Branchen

	Männer			Frauen		
	1986	1991	1998	1986	1991	1998
Handel						
3. Ebene und darunter	18 %	6 %	4 %	38 %	23 %	4 %
2. Ebene	46 %	70 %	52 %	27 %	73 %	52 %
1. Ebene	32 %	24 %	44 %	27 %	4 %	44 %
Industrie						
3. Ebene und darunter	23 %	9 %	3 %	37 %	28 %	12 %
2. Ebene	58 %	75 %	57 %	24 %	59 %	58 %
1. Ebene	16 %	16 %	38 %	19 %	13 %	27 %
Dienstleister						
3. Ebene und darunter	36 %	18 %	7 %	5 %	33 %	16 %
2. Ebene	46 %	72 %	74 %	21 %	57 %	66 %
1. Ebene	16 %	10 %	19 %	5 %	10 %	16 %

Tabelle 33: Einkommen in verschiedenen Branchen

	Männer			Frauen		
	1986	1991	1998	1986	1991	1998
Handel						
bis 80 TDM	11 %	11 %	11 %	43 %	37 %	17 %
81 bis 100 TDM	18 %	15 %	15 %	19 %	20 %	13 %
101 bis 150 TDM	36 %	41 %	41 %	35 %	35 %	39 %
151 bis 200 TDM	35 %*	24 %	11 %	3 %*	8 %	13 %
über 200 TDM		9 %	22 %		0 %	17 %
Industrie						
bis 80 TDM	9 %	6 %	4 %	39 %	29 %	22 %
81 bis 100 TDM	16 %	10 %	8 %	27 %	26 %	18 %
101 bis 150 TDM	58 %	39 %	24 %	30 %	36 %	34 %
151 bis 200 TDM	17 %*	23 %	37 %	4 %*	7 %	16 %
über 200 TDM		24 %	26 %		2 %	10 %

	Männer			Frauen		
	1986	1991	1998	1986	1991	1998
Dienstleister						
bis 80 TDM	7 %	2 %	2 %	21 %	24 %	27 %
81 bis 100 TDM	13 %	6 %	20 %	36 %	20 %	23 %
101 bis 150 TDM	64 %	53 %	33 %	31 %	42 %	31 %
151 bis 200 TDM	16 %*	29 %	22 %	10 %*	12 %	9 %
über 200 TDM		10 %	17 %		2 %	9 %
* 1986: über 150 TDM						

Für den **Handel** ist festzustellen, daß die Frauen hier das Einkommensniveau der Männer erreicht haben. Dies ist nicht nur auf den Einkommenszuwachs bei den Frauen zwischen den Jahren 1986, 1991 und 1998 zurückzuführen, sondern auch auf eine Stagnation der Einkommen der Männer im gleichen Zeitraum.

Tabelle 33a: Einkommen im Handel

	Männer			Frauen		
	1986	1991	1998	1986	1991	1998
Handel						
bis 100 TDM	29 %	26 %	26 %	62 %	57 %	30 %
über 100 TDM	71 %	74 %	74 %	38 %	43 %	69 %

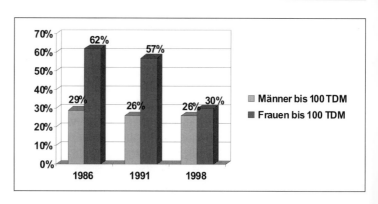

Meilensteine der Karriere

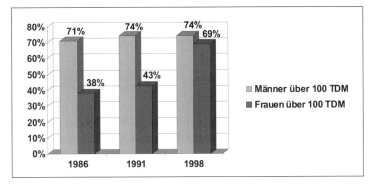

Insbesondere in der **Industrie** sind Frauen in die Region der Spitzenverdiener vorgedrungen, jedoch verdienen die Männer – trotz Stagnation zwischen 1991 und 1998 – immer noch deutlich sehr viel mehr als die Frauen. Das zeigt sich besonders beim Vergleich der Einkommen von unter und über 100 TDM.

Tabelle 33b: Einkommen in der Industrie

	Männer			Frauen		
	1986	1991	1998	1986	1991	1998
Industrie						
bis 100 TDM	25 %	16 %	12 %	66 %	55 %	40 %
über 100 TDM	75 %	86 %	87 %	34 %	45 %	60 %

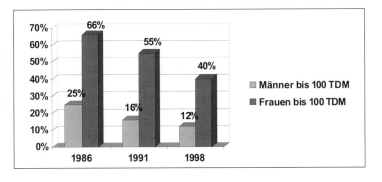

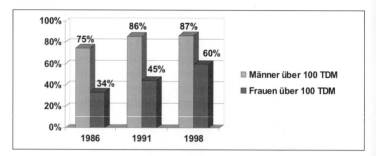

Äußerst unerfreulich ist die Einkommenssituation der Frauen in **Dienstleistungsunternehmen.** Im Vergleich zu den anderen Branchen besetzen hier weitaus mehr Frauen die untersten Einkommenskategorien. Auch das Hineinwachsen in die obersten Einkommensklassen scheint nur äußerst langsam voranzugehen. Obwohl die Einkommensentwicklung auch bei den Männern mit einem negativen Vorzeichen versehen werden muß, haben sie ihre Spitzeneinkommen (1991 und 1998 erzielten jeweils 39 % der Männer ein Jahreseinkommen von über 150 TDM) gehalten, während gerade in diesen Bereich die Frauen noch deutlich seltener vordringen (1991 waren es 14 % und 1998 18 %). Möglicherweise ist diese besondere Einkommensentwicklung auf das niedrigere Alter der Führungskräfte in Dienstleistungsunternehmen zurückzuführen, worauf noch einzugehen sein wird.

Tabelle 33c: Einkommen in Dienstleistungsunternehmen

	Männer			Frauen		
	1986	1991	1998	1986	1991	1998
Dienstleistung						
bis 100 TDM	20 %	8 %	22 %	57 %	44 %	50 %
über 100 TDM	80 %	92 %	72 %	41 %	56 %	49 %

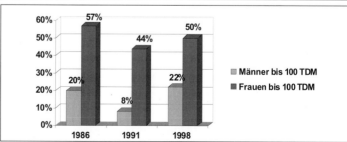

Meilensteine der Karriere

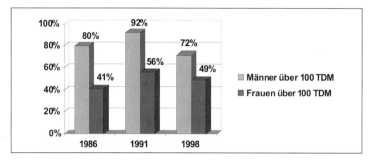

Ergebnis: Die Einkommen der Männer haben nach einem starken Wachstum in der Phase von 1986 bis 1991 in der Industrie und in Dienstleistungsunternehmen in der Periode 1991 bis 1998 stagniert, was für den Handel schon seit 1986 zu beobachten ist. Angesichts der Einkommensverbesserungen der Frauen konnte der Abstand zu den Männern in der Industrie verringert und im Handel fast ganz beseitigt werden. Die größten Einkommensnachteile müssen Frauen nach wie vor in Dienstleistungsunternehmen hinnehmen.

Nachdem bereits festgestellt wurde, daß ebenso wie 1986 und 1991 Frauen häufiger als Männer in Klein- und Mittelbetrieben in Führungspositionen zu finden sind (vgl. Tabellen 4 a und 4 b), liegt – wie auch anläßlich der ersten beiden Studien – die Frage nahe, ob allein schon der allgemein für selbstverständlich gehaltene Sachverhalt, daß Führungskräfte in kleineren Unternehmen schlechter bezahlt werden als in Großunternehmen, für den Einkommensnachteil der Frauen verantwortlich sei.

Einkommen und Position in Unternehmen verschiedener Größe

Tabelle 34: Einkommen und Positionen in Unternehmen mit einem Umsatz bis 75 Mio DM p.a. (1986 und 1991: bis 100 Mio DM p.a.)

	Männer			Frauen		
	1986	1991	1998	1986	1991	1998
Einkommen						
bis 100 TDM	31 %	26 %	24 %	69 %	61 %	56 %
101 bis 150 TDM	53 %	51 %	34 %	24 %	31 %	28 %
über 150 TDM	14 %	23 %	38 %	7 %	8 %	16 %
Position						
3. Ebene und darunter	20 %	7 %	8 %	43 %	25 %	8 %
2. Ebene	47 %	68 %	57 %	18 %	63 %	64 %
1. Ebene	31 %	25 %	33 %	24 %	12 %	25 %

Betrachtet man allein die Einkommen, so ist festzustellen, daß 1998 zwar mehr Frauen in den höheren Einkommensklassen zu finden sind als 1986 und 1991, dennoch verdienen beispielsweise anteilsmäßig doppelt so viele Männer wie Frauen in den Klein- und Mittelbetrieben mehr als DM 150.000 pro Jahr, während anteilsmäßig mehr als doppelt so viele Frauen wie Männer Einkommen von unter DM 100.000 pro Jahr angeben. Dieser Sachverhalt erscheint um so dramatischer als ein Blick auf die hierarchischen Ebenen zeigt, daß die proportionale Verteilung von Männern und Frauen 1998 etwa gleich ist. D.h. auch, daß eine ganze Reihe von Frauen in der ersten Ebene eines Klein- und Mittelbetriebs noch unter DM 150.000 verdient und der größte Teil der Frauen in der zweiten Ebene sogar unter DM 100.000 Jahreseinkommen bleibt. Dagegen verdienen mehr Männer über DM 150.000 pro Jahr als in der ersten Ebene tätig sind, d.h. daß auch schon Männer aus der zweiten Ebene diese Einkommensklasse erreichen. Dennoch sollte man auch bemerken, daß sich der Anteil der Frauen in der Spitzenverdienergruppe von 1991 nach 1998 verdoppelt hat, was einen stärkeren Zuwachs als bei den Männern darstellt.

Tabelle 35: Einkommen und Position in Unternehmen mit einem Umsatz von über 75 Mio DM p.a. (1986 und 1991: über 100 Mio DM p.a.)

	Männer			Frauen		
	1986	1991	1998	1986	1991	1998
Einkommen						
bis 100 TDM	17 %	6 %	13 %	56 %	31 %	30 %
101 bis 150 TDM	62 %	38 %	23 %	41 %	52 %	37 %
über 150 TDM	20 %	56 %	64 %	2 %	17 %	32 %
Position						
3. Ebene und darunter	31 %	14 %	1 %	42 %	33 %	20 %
2. Ebene	59 %	78 %	69 %	41 %	63 %	59 %
1. Ebene	7 %	8 %	30 %	2 %	4 %	20 %

Zunächst ist einmal festzustellen, daß tatsächlich für alle Führungskräfte das Einkommensniveau im Durchschnitt in den größeren Unternehmen höher ist als in den kleineren Unternehmen. Das gilt zwar sowohl für Männer als auch für Frauen, doch sind die Einkommensunterschiede zwischen Männern und Frauen ähnlich groß wie in den kleineren Unternehmen. Die Zahlen zeigen auch, daß die Einkommensentwicklung – insbesondere bei den Männern – zwischen 1991 und 1998 deutlich moderater verlaufen ist als zwischen 1986 und 1991.

Im Gegensatz zu den Klein- und Mittelbetrieben, in denen 1998 nicht einmal alle Frauen in der ersten Führungsebene Einkommen von mehr als DM 150.000 erzielen, erreichen in den größeren Unternehmen bereits einige Frauen aus der zweiten Ebene diese Einkommenskategorie. Dennoch ist der Anteil der Frauen, der in den größeren Unternehmen weniger als DM 100.000 verdient, mehr als doppelt so hoch wie der der Männer.

Ergebnis: Man kann die Betrachtung der hierarchischen Positionen und der Einkommen in den Unternehmen verschiedener Größenklassen sozusagen auf den Punkt bringen, indem man feststellt, daß unabhängig von der Größenordnung der Betriebe mehr Männer in der höchsten Einkommensklasse als in der höchsten Führungsebene angesiedelt sind, und daß zweitens in den Klein- und Mittelbetrieben mehr Frauen in der höchsten Führungsebene als in der höchsten Einkommensklasse rangieren.

Angemerkt sei noch, daß auch die hier nicht dargestellte Gegenüberstellung von Einkommen und Position in Unternehmen der nach Beschäftigtenzahl unterschiedenen Größenklassen kein anderes Bild ergibt.

Betrachten wir zunächst die Aufgabenbereiche, in denen die Frauen schon seit längerem rein quantitativ eine größere Rolle spielen: die internen Funktionen Personal und Finanzen/Rechnungswesen/Controlling. Was haben männliche und weibliche Führungskräfte erreicht und wie unterscheidet sich das, was sie erreicht haben?

Einkommen und Position in verschiedenen Aufgabenbereichen

Tabelle 36: Einkommen und Position im Bereich Finanzen/Rechnungswesen/Controlling

	Männer			Frauen		
	1986	1991	1998	1986	1991	1998
Einkommen						
bis 100 TDM	25 %	10 %	15 %	64 %	45 %	51 %
101 bis 150 TDM	59 %	58 %	36 %	33 %	43 %	29 %
über 150 TDM	16 %	32 %	45 %	3 %	12 %	20 %
Position						
3. Ebene und darunter	38 %	8 %	3 %	37 %	17 %	0 %
2. Ebene	44 %	75 %	85 %	34 %	73 %	80 %
1. Ebene	16 %	17 %	12 %	16 %	10 %	20 %

Die Einkommen der Männer zeigen eine deutliche Aufwärtsentwicklung, wohingegen die der Frauen eher moderat verlaufen ist. Der zwischen 1986 und 1991 erkennbare sehr positive Trend hat sich zwischen 1991 und 1998 nicht in gleichem Maße fortgesetzt.

Um die Unterschiede ganz deutlich zu machen, sei die Besetzung der untersten und obersten erfaßten Einkommensklassen im Bereich Finanzen/Rechnungswesen/Controlling dargestellt.

Tabelle 37: Einkommen im Bereich Finanzen/Rechnungswesen/Controlling

	Männer			Frauen		
	1986	1991	1998	1986	1991	1998
bis 80 TDM	10 %	4 %	3 %	34 %	26 %	31 %
über 200 TDM	–*	14 %	18 %	–*	0 %	9 %

* nicht erhoben

Insbesondere angesichts der Tatsache, daß sich 1998 keine Frau auf der dritten Führungsebene und darunter befindet, stellen die 31 % der Frauen mit Jahresverdiensten von unter DM 80.000 geradezu eine eklatante Fehlbewertung der Leistungen dieser Frauen dar. Das gilt um so mehr, als 3 % der Männer sich auf der dritten Ebene und darunter einordnen und 3 % der Männer in der untersten Gehaltsklasse rangieren. Die zeitliche Entwicklung zeigt, daß ca. ein Drittel der Frauen in diesem Aufgabenbereich konstant unter DM 80.000 verdient, während der Anteil der Männer von einem Zehntel im Jahr 1986 auf nur noch 3 % im Jahr 1998 geschrumpft ist.

Tabelle 38: Einkommen und Position im Bereich Personal

	Männer			Frauen		
	1986	1991	1998	1986	1991	1998
Einkommen						
bis 100 TDM	26 %	20 %	19 %	60 %	51 %	40 %
101 bis 150 TDM	54 %	47 %	0 %	35 %	45 %	46 %
über 150 TDM	20 %	32 %	69 %	4 %	4 %	14 %
Position						
3. Ebene und darunter	14 %	7 %	6 %	33 %	19 %	11 %
2. Ebene	77 %	72 %	69 %	33 %	74 %	82 %
1. Ebene	9 %	21 %	25 %	13 %	7 %	7 %

Im Personalbereich ist ebenfalls eine moderate Aufwärtsentwicklung der Einkommen der Frauen zu beobachten, allerdings hält sie nicht Schritt mit der Einkommensentwicklung der Männer.

Zur Verdeutlichung der Unterschiede sei ebenfalls noch einmal ein Blick auf die niedrigste und höchste erfaßte Einkommensklasse in diesem Bereich geworfen.

Tabelle 39: Einkommen im Bereich Personal

	Männer			Frauen		
	1986	1991	1998	1986	1991	1998
bis 80 TDM	6 %	7 %	6 %	33 %	30 %	29 %
über 200 TDM	–*	16 %	19 %	–*	0 %	7 %
* nicht erhoben						

Es zeigt sich ein ähnliches Bild wie im Bereich Finanzen/Rechnungswesen/Controlling: Fast ein Drittel der Frauen im Personalbereich bleibt kontinuierlich unter der DM 80.000-Grenze, während das nur für 6 % der Männer gilt.

Vielleicht sieht es besser aus in den Bereichen, in denen mit Außenwirkung gearbeitet wird, wie im Marketing und der Werbung oder gar im Verkauf. Betrachten wir zunächst den Bereich Marketing.

Tabelle 40: Einkommen und Position im Bereich Marketing*

	Männer		Frauen	
	1991	1998	1991	1998
Einkommen				
bis 100 TDM	12 %	11 %	62 %	58 %
101 bis 150 TDM	42 %	26 %	33 %	23 %
über 150 TDM	46 %	60 %	5 %	20 %
Position				
3. Ebene und darunter	5 %	4 %	31 %	23 %
2. Ebene	69 %	70 %	61 %	69 %
1. Ebene	26 %	26 %	8 %	9 %
* Da 1986 der Bereich zusammen mit Verkauf/Vertrieb erhoben worden wurde, entfallen die Zahlen mangels Vergleichbarkeit				

Angesichts der proportional gleichen Besetzung der Führungsebenen bei den Männern im Jahr 1991 und im Jahr 1998 zeigt sich ein deutlicher Einkommenszuwachs, der sich insbesondere in der Verschiebung von Einkommen im Bereich von DM 101.000 bis DM 150.000 zugunsten der Einkommen über DM 150.000 niederschlägt.

Zwar haben auch die Einkommen der Frauen diese Bewegung mitgemacht, doch in sehr viel moderaterer Weise. Gleichzeitig ist der Anteil der Frauen mit niedrigeren Einkommen fast gleich hoch geblieben.

Ein noch krasseres Bild der Einkommensunterschiede liefert der Bereich Werbung/PR/Kommunikation.

Tabelle 41: Einkommen und Position im Bereich Werbung/PR/Kommunikation

	Männer			Frauen		
	1986	1991	1998	1986	1991	1998
Einkommen						
bis 100 TDM	24 %	27 %	11 %	59 %	66 %	75 %
101 bis 150 TDM	52 %	33 %	33 %	27 %	30 %	19 %
über 150 TDM	24 %	40 %	55 %	14 %	4 %	6 %
Position						
3. Ebene und darunter	10 %	10 %	0 %	50 %	33 %	25 %
2. Ebene	48 %	57 %	100 %	5 %	56 %	50 %
1. Ebene	31 %	33 %	0 %	32 %	11 %	19 %

Das auffälligste Ergebnis ist die Verschlechterung der Einkommenssituation der Frauen gegenüber 1991 und die Verbesserung der Einkommen der Männer. Angesichts der vergleichsweise geringen Besetzung dieses Bereichs (9 Männer und 16 Frauen) im Jahr 1998 sollte man allerdings die dargestellten Daten vorsichtig bewerten.

Kommen wir zum Bereich Verkauf/Vertrieb. Im allgemeinen werden hier in höherem Maße erfolgsabhängige Gehaltsbestandteile zu Buche schlagen, so daß man erwarten könnte, daß der Einkommensunterschied zu Lasten der Frauen jedenfalls nicht so krass ausfällt wie im Marketingbereich.

Tabelle 42: Einkommen und Position im Bereich Verkauf/Vertrieb*

	Männer		Frauen	
	1991	1998	1991	1998
Einkommen				
bis 100 TDM	20 %	19 %	56 %	42 %
101 bis 150 TDM	42 %	37 %	37 %	38 %
über 150 TDM	38 %	42 %	7 %	21 %
Position				
3. Ebene und darunter	10 %	5 %	33 %	17 %
2. Ebene	77 %	73 %	57 %	79 %
1. Ebene	13 %	22 %	10 %	4 %

* Da 1986 der Bereich zusammen mit Marketing erhoben worden wurde, entfallen die Zahlen mangels Vergleichbarkeit

Tatsächlich sind die Einkommensunterschiede im Bereich Verkauf/Vertrieb nicht ganz so groß wie im Marketing; dort verdienen 1998 dreimal so viel Männer wie Frauen über DM 150.000, im Verkauf/Vertrieb sind es „nur" doppelt so viele! Auch die unterste Einkommensklasse wird von den Frauen im Vertrieb nicht ganz so stark besetzt wie im Marketing. Gleichzeitig ist auch die Einkommensentwicklung der Männer im Verkauf/Vertrieb etwas moderater verlaufen als im Marketing.

Man kann also feststellen, daß Männer im Marketing zu den Spitzenverdienern gehören.

Angesichts der relativ gleich starken proportionalen Besetzung von Männern und Frauen in der zweiten Führungsebene sowohl des Marketingbereichs als auch des Bereichs Finanzen/Rechnungswesen/Controlling bietet es sich an, die Einkommen in der zweiten Ebene dieser Bereiche einer besonderen Betrachtung zu unterziehen.

Tabelle 43: Einkommen im Bereich Marketing/2. Ebene

	Männer	Frauen
bis 80 TDM	0 %	8 %
81 bis 100 TDM	16 %	42 %
101 bis 150 TDM	37 %	33 %
151 bis 200 TDM	26 %	17 %
über 200 TDM	21 %	0 %

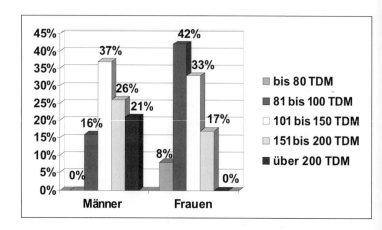

Tabelle 44: Einkommen im Bereich Finanzen/Rechnungswesen/Controlling/2. Ebene

	Männer	Frauen
bis 80 TDM	4 %	11 %
81 bis 100 TDM	14 %	25 %
101 bis 150 TDM	43 %	36 %
151 bis 200 TDM	32 %	14 %
über 200 TDM	7 %	14 %

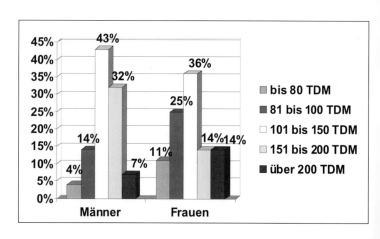

Meilensteine der Karriere

Es zeigt sich, daß die Einkommensunterschiede im Bereich Finanzen/ Rechnungswesen/Controlling weitaus weniger dramatisch sind als im Marketingbereich.

Auf Grund der geringen Besetzung der Bereiche Einkauf, Produktion, Forschung und Entwicklung sowie EDV wird auf eine Darstellung von Einkommen und Position verzichtet.

Bleibt die Frage, wie die Einkommenssituation der Männer und Frauen aussieht, die sich zur Geschäftsleitung zählen. Nutzen Frauen ihre Position, um finanziell mit den Männern gleichzuziehen?

Tabelle 45: Einkommen in der Geschäftsleitung

	Männer	Frauen
bis 80 TDM	4 %	15 %
81 bis 100 TDM	5 %	12 %
101 bis 150 TDM	26 %	32 %
151 bis 200 TDM	32 %	17 %
über 200 TDM	33 %	24 %

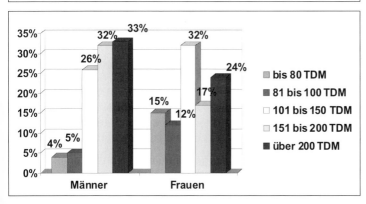

Die Einkommensverteilung spiegelt wider, daß zwar die meisten, aber dennoch nicht alle Führungskräfte, die Geschäftsleitungsaufgaben wahrnehmen, sich in die erste Führungsebene einordnen.

Tabelle 46: Hierarchische Position innerhalb der Geschäftsleitung

	Männer	Frauen
3. Ebene	4 %	2 %
2. Ebene	33 %	24 %
1. Ebene	61 %	66 %

Die verschiedenen hierarchischen Positionen innerhalb der Geschäftsleitung können demnach nicht die deutlich erkennbaren Einkommensnachteile der Frauen gegenüber den Männern in dieser Funktion erklären. Man darf annehmen, daß alle Männer der ersten Ebene in der Geschäftsleitung mehr als DM 150.000 im Jahr verdienen, während das nur für etwa zwei Drittel der Frauen in vergleichbarer Position gilt. Gleichzeitig verdienen dreimal so viel Frauen wie Männer, die sich der Geschäftsleitung zurechnen, unter DM 100.000 pro Jahr.

Einkommen, Position und wöchentliche Arbeitszeit

Zwar erscheint die Vorstellung, daß Führungskräfte, die längere Wochenarbeitszeiten angeben, auch mehr verdienen, zunächst absurd; schließlich werden Führungskräfte nicht stundenweise bezahlt. Andererseits trifft die umgekehrte Aussage zu: Wer mehr verdient, arbeitet länger! Gleichzeitig war bereits festgestellt worden, daß sich im Vergleich zu 1986 und 1991 die wöchentlichen Arbeitszeiten kontinuierlich verringert haben (vgl. Tabelle 8).

Es ist deutlich erkennbar, daß die wöchentlichen Arbeitszeiten mit steigendem Einkommen zunehmen. Dies war auch schon 1986 und 1991 zu beobachten. Gleichzeitig ist festzustellen, daß Männer in fast allen Einkommensklassen längere Wochenarbeitszeiten als Frauen angeben. Lediglich in den Einkommensklassen „81 bis 100 TDM" und „über 200 TDM" zeigt sich eine annähernde Gleichverteilung.

Was hat sich gegenüber 1991 geändert?

Insbesondere im Bereich der höheren Einkommen (mehr als 150 TDM p.a.) nehmen die Anteile der Männer und Frauen zu, die weniger als 50 Stunden pro Woche arbeiten. Möglicherweise ein Indikator dafür, daß man die erreichte Einkommenssituation nutzt, um die Arbeitszeit zu reduzieren. Gleichzeitig bleibt jedoch der Anteil der „Vielarbeiter" (mehr als 60 Stunden pro Woche) unter den Männern konstant. Im Bereich der niedrigen Einkommen (bis 100 TDM p.a.) geben Frauen gegenüber 1991 häufiger längere Arbeitszeiten an, während das Bild bei den Männern nicht ganz eindeutig ist.

Tabelle 47: Einkommen und wöchentliche Arbeitszeiten

Einkommen	bis 80 TDM 1991	bis 80 TDM 1998	81–100 TDM 1991	81–100 TDM 1998	101–150 TDM 1991	101–150 TDM 1998	151–200 TDM 1991	151–200 TDM 1998	über 200 TDM 1991	über 200 TDM 1998
Männer										
bis 50 Std.	65 %	63 %	55 %	61 %	47 %	44 %	24 %	37 %	15 %	19 %
51–60 Std.	30 %	38 %	45 %	35 %	46 %	45 %	57 %	44 %	47 %	43 %
über 60 Std.	0 %	0 %	0 %	4 %	7 %	9 %	19 %	19 %	38 %	38 %
Frauen										
bis 50 Std.	84 %	74 %	81 %	66 %	50 %	66 %	41 %	58 %	0 %	23 %
51–60 Std.	15 %	21 %	18 %	34 %	46 %	32 %	46 %	38 %	50 %	44 %
über 60 Std.	1 %	3 %	1 %	0 %	4 %	5 %	13 %	5 %	50 %	33 %

Tabelle 48: Hierarchische Position und wöchentliche Arbeitszeiten

	3. Ebene u. darunter		2. Ebene		1. Ebene	
	1991	1998	1991	1998	1991	1998
Männer						
bis 50 Std.	53 %	63 %	38 %	43 %	18 %	30 %
51–60 Std.	46 %	38 %	49 %	41 %	46 %	45 %
über 60 Std.	0 %	0 %	13 %	14 %	36 %	25 %
Frauen						
bis 50 Std.	77 %	95 %	64 %	63 %	33 %	50 %
51–60 Std.	19 %	5 %	33 %	34 %	50 %	33 %
über 60 Std.	4 %	0 %	3 %	2 %	17 %	17 %

Bei der Betrachtung der hierarchischen Ebenen bietet sich ein ähnliches Bild wie bei den verschiedenen Einkommensklassen: Mit höherer hierarchischer Ebene steigt die wöchentliche Arbeitszeit, wenngleich viele Führungskräfte – und zwar auch in der ersten Ebene – 1998 weniger lange arbeiten als 1991. Wenig verändert ist das Bild in der zweiten Führungsebene. Besonders stark hat sich die wöchentliche Arbeitszeit der Frauen in der dritten Führungsebene und darunter reduziert. Über alle Ebenen hinweg gilt, daß Frauen in den Unternehmen weitaus weniger präsent sind als die Männer – vorausgesetzt, man geht von der Zuverlässigkeit der Angaben aus. Es wird zwar hin und wieder vermutet, daß insbesondere männliche Führungskräfte zu lange Arbeitszeiten aus Gründen des Prestiges und der Betonung der Wichtigkeit der eigenen Person angeben, doch dürfte angesichts der Anonymität einer schriftlichen Befragung diesem Argument gegen die Vergleichbarkeit der Angaben von Männern und Frauen kein besonders großes Gewicht beizumessen sein. Außerdem ist der Trend zur Verkürzung der Arbeitszeit sowohl bei Männern als auch bei Frauen gleichermaßen zu beobachten – und das schon seit 1986 (wenngleich die Zahlen hier nicht mit aufgeführt sind).

Tabelle 49: Wöchentliche Arbeitszeiten in Unternehmen verschiedener Größenklassen

	Umsatz < 75 Mio DM	Umsatz > 75 Mio DM
Männer		
bis 50 Std.	36 %	38 %
51–60 Std.	51 %	42 %
über 60 Std.	12 %	21 %
Frauen		
bis 50 Std.	68 %	55 %
51–60 Std.	27 %	37 %
über 60 Std.	5 %	8 %

Zunächst ist auffällig, daß in den umsatzstärkeren Unternehmen sowohl Männer als auch Frauen häufiger längere Wochenarbeitszeiten angeben. Weiterhin ist festzustellen, daß sehr viel mehr Frauen als Männer in den kleineren Unternehmen geringere Arbeitszeiten angeben.

Tabelle 50: Wöchentliche Arbeitszeiten in verschiedenen Branchen

	Industrie	Handel	Dienstleister
Männer			
bis 50 Std.	35 %	37 %	52 %
51–60 Std.	45 %	41 %	37 %
über 60 Std.	20 %	22 %	11 %
Frauen			
bis 50 Std.	65 %	74 %	53 %
51–60 Std.	32 %	13 %	39 %
über 60 Std.	3 %	9 %	8 %

Ein Blick auf den Branchenvergleich zeigt, daß die Männer in der Industrie und im Handel etwa gleich lange wöchentliche Arbeitszeiten angeben, während die Arbeitszeiten der Frauen deutlich darunter liegen. Lediglich in Dienstleistungsunternehmen arbeiten Frauen und Männer etwa gleich lang.

Tabelle 51: Wöchentliche Arbeitszeiten in verschiedenen Aufgabenbereichen

	Marketing	Vertrieb Verkauf	Werbung/ PR/ Kommunikation	Personal	Finanzen/ Rechnungswesen/ Controlling	Einkauf	Geschäftsleitung
Männer							
bis 50 Std.	15 %	34 %	22 %	69 %	55 %	58 %	30 %
51–60 Std.	59 %	44 %	56 %	31 %	42 %	26 %	40 %
über 60 Std.	26 %	20 %	22 %	0 %	3 %	16 %	30 %
Frauen							
bis 50 Std.	57 %	71 %	56 %	79 %	67 %	75 %	49 %
51–60 Std.	43 %	21 %	44 %	21 %	29 %	25 %	41 %
über 60 Std.	0 %	8 %	0 %	0 %	4 %	0 %	10 %

Wie schon 1991 ist auch 1998 festzustellen, daß – neben der Geschäftsleitung – in den Bereichen Marketing, Werbung/PR/Kommunikation sowie Vertrieb/Verkauf am längsten gearbeitet wird – jedenfalls von den Männern. Die geringsten Arbeitszeiten weist der Personalbereich auf, gefolgt vom Bereich Finanzen/Rechnungswesen/Controlling. Auch dies gaben die Männer 1991 so an. Gleichfalls wird – ebenso wie 1991 – der erhebliche Unterschied der wöchentlichen Arbeitszeiten von Männern und Frauen deutlich. Prinzipiell gilt das für alle Bereiche; auffällig sind jedoch besonders die Abweichungen in den Bereichen Marketing, Vertrieb/Verkauf und Werbung/PR/Kommunikation.

Zuletzt sei noch ein Blick auf die Arbeitszeiten derjenigen Männer und Frauen geworfen, die in einer beteiligungsmäßigen und/oder familiären Beziehung zum Unternehmen stehen.

Tabelle 52: Wöchentliche Arbeitszeiten und Beteiligung

	beteiligt			nicht beteiligt		
	1986	1991	1998	1986	1991	1998
Männer						
bis 50 Std.	6 %	28 %	20 %	23 %	37 %	43 %
51–60 Std.	35 %	41 %	48 %	56 %	49 %	41 %
über 60 Std.	59 %	31 %	32 %	21 %	14 %	15 %
Frauen						
bis 50 Std.	43 %	51 %	53 %	38 %	67 %	64 %
51–60 Std.	40 %	39 %	40 %	50 %	29 %	30 %
über 60 Std.	18 %	10 %	7 %	14 %	4 %	5 %

Wie schon 1986 und 1991 festgestellt, arbeiten Führungskräfte, die zu ihrem Unternehmen eine besonders enge Beziehung haben, auch 1998 länger als „nur" Angestellte.

Der für beteiligte Führungskräfte im Zeitraum von 1986 bis 1991 erkennbare Trend der Arbeitszeitverkürzung hat sich jedoch nicht fortgesetzt. Auffällig ist, daß auch 1998 (wie schon 1991 und 1986) die beteiligten Frauen deutlich geringere Arbeitszeiten als ihre männlichen Pendants angeben. Andererseits ist gleichfalls festzustellen, daß die beteiligten Frauen nach wie vor häufiger längere wöchentliche Arbeitszeiten angeben als ihre angestellten Kolleginnen – obwohl sie durch mehr Kinder stärker familiär gefordert sind (61 % dieser Frauen haben Kinder, von den „reinen" angestellten Frauen haben nur 47 % Kinder).

Während bei den nicht beteiligten Männern noch ein leichter Trend zur Arbeitszeitverkürzung festgestellt werden kann, ist für die angestellten Frauen offenbar – zumindest im Vollzeitarbeitsverhältnis – keine Verringerung gegenüber der schon 1991 realisierten Arbeitszeitverkürzung mehr möglich.

Ergebnis: Der Trend zur Arbeitszeitverkürzung im Führungskräftebereich setzt sich abgeschwächt fort. Frauen geben nach wie vor kürzere Arbeitszeiten als Männer an, sind also in Unternehmen nicht so präsent wie die Männer. Gleichzeitig gilt: Wer mehr verdient, der arbeitet auch mehr!

Einkommen, Position und Beteiligung

Wie bereits festgestellt, sind 22 % der Frauen und 14 % der Männer an ihren Unternehmen beteiligt bzw. stehen als Mitglied der Eigentümerfamilie in einer besonderen Beziehung zum Unternehmen. Mehr als die Hälfte dieser Männer und Frauen sind an einem Industriebetrieb beteiligt, der überwiegend (Männer: 56 %, Frauen: 42 %) weniger als 75 Mio DM Jahresumsatz erzielt. Damit sind die Verhältnisse ähnlich wie 1991.

Was haben diese Männer und Frauen, von denen man annehmen darf, daß sie aus einer bevorzugten Position heraus entscheiden und agieren können, für sich erreicht?

Tabelle 53: Hierarchische Position der beteiligten und nicht beteiligten Männer und Frauen 1998 (1991)

	Männer		Frauen	
	beteiligt	nicht beteiligt	beteiligt	nicht beteiligt
3. Ebene und darunter	4 % (4 %)	4 % (12 %)	6 % (8 %)	14 % (32 %)
2. Ebene	24 % (36 %)	68 % (77 %)	42 % (56 %)	65 % (77 %)
1. Ebene	72 % (60 %)	27 % (11 %)	47 % (36 %)	19 % (5 %)

Es zeigt sich, daß – wie schon 1991 – Frauen ihre besondere Beziehung zum Unternehmen sehr viel seltener als Männer nutzen, um Aufgaben in der ersten Führungsebene wahrzunehmen.

Ein Blick auf die konkreten Aufgabenbereiche ergibt folgendes Bild.

Tabelle 54: Aufgabenbereiche der beteiligten Männer und Frauen 1998 (1991)

	Männer	Frauen
Marketing	16 % (28 %)	6 % (18 %)
Vertrieb/Verkauf	12 % (38 %)	3 % (26 %)
Werbung/PR/Kommunikation	12 % (17 %)	3 % (36 %)
Personalwesen	0 % (7 %)	8 % (23 %)
Finanzen/Rechnungswesen/ Controlling	8 % (14 %)	25 % (21 %)
Produktion	4 % (24 %)	0 % (5 %)
Einkauf/Materialwirtschaft Logistik	12 % (3 %)	3 % (20 %)
Forschung u. Entwicklung	0 % (21 %)	6 % (5 %)
EDV	0 % (–*)	3 % (–*)
Geschäftsleitung	60 % (41 %)	58 % (41 %)

* 1991 nicht erhoben

Im Vergleich zu 1991 nehmen deutlich mehr beteiligte Frauen, nämlich 58 %, Geschäftsleitungsaufgaben wahr und erreichen damit das Niveau der Männer. Allerdings ordnen sich nicht alle diese Frauen in der obersten hierarchischen Ebene ein, was für beteiligte Männer offenbar teilweise sogar dann selbstverständlich ist, wenn ihr Aufgabenbereich nicht der Geschäftsleitung zuzurechnen ist. Auffällig ist, daß die beteiligten Männer keine Leitungsfunktionen im Personal- und EDV-Bereich übernehmen; auch die Finanzen, das Rechnungswesen und das Controlling gehören nicht zu den von ihnen bevorzugten Bereichen, während die beteiligten Frauen sich hier eher engagieren. Beteiligte Männer haben offenbar Präferenzen für die Bereiche, in denen die Außenbeziehungen des Unternehmens gestaltet werden: Marketing, Vertrieb/Verkauf, Werbung/PR/Kommunikation und Einkauf.

Obwohl auch schon 1991 die beteiligten Frauen häufiger als die „reinen" angestellten weiblichen Führungskräfte die höheren hierarchischen Ebenen besetzten, wahrten sie gewissermaßen den Einkommensabstand zu den Männern. Wie sieht die Einkommenssituation dieser Frauen heute aus?

Tabelle 55: Einkommen der beteiligten und nicht beteiligten Männer und Frauen 1998 (1991)

	Männer		Frauen	
	beteiligt	nicht beteiligt	beteiligt	nicht beteiligt
bis 80 TDM	16 % (7 %)	3 % (5 %)	11 % (32 %)	26 % (29 %)
81–100 TDM	12 % (11 %)	13 % (9 %)	6 % (21 %)	23 % (23 %)
101–150 TDM	28 % (39 %)	29 % (44 %)	36 % (34 %)	33 % (38 %)
151–200 TDM	12 % (14 %)	31 % (26 %)	17 % (8 %)	12 % (9 %)
über 200 TDM	32 % (29 %)	22 % (16 %)	31 % (5 %)	5 % (1 %)

Gegenüber 1991 haben die beteiligten Frauen ihre Einkommenssituation deutlich verbessert! Sie erreichen vielfach sogar mehr als die Männer! Welchen Wert damit die besondere Beziehung zum Unternehmen für Frauen hat, wird anhand des Vergleichs der Entwicklung der Einkommen der nicht beteiligten Frauen deutlich; deren Einkommenssituation hat sich kaum gebessert. Zwar erreichen 1998 insgesamt 17 % der angestellten Frauen ein Jahreseinkommen von über DM 150.000 (1991 waren es 10 %), doch immer noch verdient ca. die Hälfte der Frauen im reinen Angestelltenstatus unter DM 100.000 – genauso wie 1991! Wie wertvoll die Unternehmensbeteiligung für Frauen allein in Kategorien des Jahreseinkommens ist, macht auch folgendes Ergebnis deutlich: Im Bereich der Spitzeneinkommen von über DM 200.000 stellen die beteiligten Frauen einen Anteil von 61 %, d. h., daß von den Frauen, die ein solch hohes Einkommen erzielen, nur 39 % „reine" Angestellte sind. Betrachtet man im Vergleich dazu diese Einkommensklasse bei den Männern, so sind 81 % im „reinen" Angestelltenstatus so weit gekommen, und nur eine Minderheit von 19 % wird in dieser Einkommenskategorie von beteiligten Männern gestellt.

Ergebnis: Der Vorteil einer Unternehmensbeteiligung und der damit einhergehenden größeren Entscheidungsspielräume liegt nicht nur unmittelbar in der Erreichbarkeit absolut höherer Einkommen, sondern stellt sich für Frauen auch im Verhältnis zu den Männern als Gewinn dar: Beteiligte Frauen arbeiten zwar länger in der Woche als nicht beteiligte Frauen, aber sie arbeiten weniger als beteiligte Männer, so daß man in Relation zum Einsatz feststellen kann, daß beteiligte Frauen im Vergleich zu ihren männlichen Pendants gewissermaßen eine doppelt vorteilhaftere Einkommensposition realisiert haben!

Zum ersten Mal wurde 1998 nach der Höhe der Frauenanteile in Führungspositionen in den Unternehmen gefragt, in denen die Führungskräfte beschäftigt sind. Es kann somit der Frage nachgegangen werden, ob etwa höhere Frauenanteile in Führungspositionen sich günstig auf den Aufstieg und das erreichte Einkommensniveau der Frauen auswirken.

Einkommen, Position und Frauenanteile im Unternehmen

Tabelle 56: Hierarchische Positionen und Frauenanteile in Führungspositionen

	< 6 %	6–10 %	> 10 %
Frauen			
3. Ebene und darunter	15 %	11 %	2 %
2. Ebene	51 %	72 %	74 %
1. Ebene	34 %	17 %	24 %

Zwar sinkt der Anteil der Frauen in der untersten erfaßten Führungsebene mit steigendem Anteil an Frauen in Führungspositionen, jedoch bietet die Besetzung der ersten Ebene kein eindeutiges Bild, so daß weitere Schlußfolgerungen nicht gezogen werden sollten.

Und welches Bild bietet sich im Hinblick auf die Einkommenssituation?

Tabelle 57: Einkommen und Frauenanteile in Führungspositionen

	< 6 %	6–10 %	> 10 %
Frauen			
bis 100 TDM	42 %	34 %	51 %
101 bis 150 TDM	24 %	44 %	32 %
über 150 TDM	33 %	24 %	17 %
Männer			
bis 100 TDM	15 %	20 %	33 %
101 bis 150 TDM	32 %	40 %	27 %
über 150 TDM	52 %	40 %	40 %

Die Einkommenssituation der Frauen in Führungspositionen ist in Unternehmen mit hohen Anteilen an Frauen mit Führungspositionen (> 10 %) keinesfalls besser, sondern eher schlechter als in Unternehmen mit niedrigen Frauenanteilen in Führungspositionen. Anzumerken ist, daß auch die Einkommen der Männer die gleiche Tendenz aufzeigen.

Einkommen, Position und Alter

Ergebnis: Man kann annehmen, daß die niedrigeren Einkommen der Frauen bei hohen Frauenanteilen in Führungspositionen insgesamt das Einkommensniveau im Führungskräftebereich nach unten drücken.

Zunächst sei ein Blick auf die Altersstrukturen geworfen.

Tabelle 58: Alter der Führungskräfte

	bis 39			40–49			50 und älter		
	1986	1991	1998	1986	1991	1998	1986	1991	1998
Männer	12 %	16 %	20 %	39 %	39 %	33 %	49 %	45 %	45 %
Frauen	32 %	43 %	45 %	30 %	31 %	30 %	36 %	26 %	24 %

Im Vergleich zu 1991 hat sich die Altersstruktur kaum verändert, wenn man von einer geringfügigen Veränderung zugunsten der Führungskräfte unter 40 absieht. Dagegen waren die Veränderungen im Sinne von Verjüngung insbesondere bei den Frauen zwischen 1986 und 1991 gravierender. Bemerkenswert ist, daß der Anteil der unter 50jährigen gegenüber 1991 konstant geblieben ist.

Was erreichen Führungskräfte in welchem Alter?

Tabelle 59: Position und Alter

	bis 39			40–49			50 und älter		
	1986	1991	1998	1986	1991	1998	1986	1991	1998
Männer									
3. Ebene und darunter	20 %	22 %	3 %	26 %	13 %	2 %	28 %	6 %	7 %
2. Ebene	49 %	66 %	67 %	57 %	73 %	56 %	52 %	77 %	61 %
1. Ebene	29 %	12 %	25 %	14 %	14 %	41 %	17 %	17 %	31 %
Frauen									
3. Ebene und darunter	51 %	35 %	13 %	44 %	24 %	20 %	38 %	23 %	0 %
2. Ebene	18 %	58 %	64 %	35 %	67 %	54 %	21 %	63 %	60 %
1. Ebene	18 %	7 %	21 %	8 %	9 %	24 %	26 %	14 %	35 %

Meilensteine der Karriere

Was also können Männer und Frauen erreichen?
Bereits vor der Vollendung des 40. Lebensjahres können sowohl Männer als auch Frauen die erste Führungsebene erreichen: 21 % der Frauen und 25 % der Männer bis unter 40 ist dies bis 1998 gelungen. Zwar scheint die Entwicklung zwischen 40 und 49 für die Männer günstiger zu sein, doch im Vergleich zu den Jahren 1986 und 1991 sind die Frauen über 50 da angekommen, wo die Männer auch sind: 60 % in der zweiten und 35 % in der ersten Führungsebene.

Man könnte die Hoffnung haben, daß sich das auch im Gehalt niederschlägt ...

Tabelle 60: Einkommen und Alter

	bis 39			40–49			50 und älter		
	1986	1991	1998	1986	1991	1998	1986	1991	1998
Männer									
bis 100 TDM	29 %	35 %	36 %	19 %	9 %	15 %	25 %	12 %	11 %
101–150 TDM	59 %	44 %	28 %	64 %	48 %	34 %	51 %	39 %	24 %
über 150 TDM	12 %	21 %	33 %	16 %	43 %	49 %	22 %	49 %	61 %
Frauen									
bis 100 TDM	75 %	62 %	50 %	60 %	45 %	34 %	56 %	43 %	38 %
101–150 TDM	20 %	29 %	30 %	33 %	44 %	48 %	39 %	45 %	25 %
über 150 TDM	5 %	9 %	20 %	6 %	11 %	18 %	5 %	12 %	38 %

Angesichts dessen, was die Frauen in der Hierarchie erreicht haben, ist der Blick auf die Einkommenssituation mehr als ernüchternd: 1998 befindet sich keine einzige über 50jährige Frau in der dritten Führungsebene (und darunter), aber 38 % der Frauen in dieser Altersgruppe verdienen noch unter DM 100.000! 35 % der über 50jährigen Frauen und 31 % der über 50jährigen Männer befinden sich auf der ersten Führungsebene, aber 61 % der Männer und nur 38 % der Frauen in dieser Altersgruppe erreichen Einkommen von über DM 150.000 pro Jahr. Genauso eklatant ist der Einkommensnachteil der 40 bis 49jährigen Frauen gegenüber den gleichaltrigen Männern. Ein Hoffnungsschimmer für die Einkommensentwicklung der Frauen zeichnet sich bei den jüngeren Frauen ab: 21 % dieser Frauen befinden sich in der ersten Führungsebene, 20 % verdienen mehr als DM 150.000 pro Jahr.

Gleichzeitig ist der „Altersbonus" der Männer unverkennbar und deutlich häufiger als bei den Frauen vorhanden. Dies wird noch klarer, wenn man die Frauen und Männer über 50 betrachtet, die mehr als DM 200.000 p.a. verdienen: das sind 30 % der Männer und nur 18 % der Frauen in dieser Altersgruppe!

Ergebnis: Der Einkommensnachteil der Frauen ist altersunabhängig, wenn auch Signale der Verbesserung der Situation bei jüngeren Frauen zu finden sind.

Einkommen – was bewirken variable Bestandteile?

Ganz so selbstverständlich wie propagiert und insinuiert wird, ist die erfolgsabhängige Vergütung im Führungskräftebereich noch nicht: Immerhin haben 36 % der Männer und 57 % der Frauen ausschließlich Fixgehälter.

Angesichts der generell eklatanten Einkommensunterschiede zwischen Männern und Frauen im Führungskräftebereich ist zu fragen, ob variable, in der Regel erfolgs- oder leistungsabhängige Gehaltsbestandteile geeignet sind, den Einkommensunterschied zu nivellieren.

Zunächst seien die Einkommen der Männer und Frauen betrachtet, die ausschließlich Fixgehälter beziehen.

Tabelle 61: Einkommen: ausschließlich Fixgehälter

	Männer	Frauen
bis 100 TDM	31 %	61 %
101 bis 150 TDM	41 %	27 %
über 150 TDM	27 %	11 %

Die Gegenüberstellung macht wiederum den großen Einkommensnachteil der Frauen deutlich.

Tabelle 62: Einkommen: Fixgehalt + variable Gehaltsbestandteile

	Männer	Frauen
bis 100 TDM	10 %	17 %
101 bis 150 TDM	22 %	43 %
über 150 TDM	66 %	40 %

Diese zwei Tabellen zeigen, daß Führungskräfte, die variable Gehaltsbestandteile beziehen, deutlich häufiger höhere Einkommen erzielen als diejenigen, die ausschließlich ein Fixgehalt bekommen.

Zwar haben auch die Männer, die ihr Einkommen durch variable Gehaltsbestandteile erhöhen können, wesentlich häufiger höhere Einkommen als die Frauen, die ebenso bezahlt werden. Stellt man allerdings – zugegeben unzulässigerweise – die Einkommen der Männer, die ausschließlich Fixgehälter beziehen, und diejenigen der Frauen, die auch variable Gehaltsbestandteile beinhalten, einander gegenüber, so muß man feststellen, daß die Einkommensposition der Frauen erkennbar besser ist. Es wäre daher zu wünschen, daß Frauen häufiger als bisher die Risiken eines geringeren Fixums zugunsten eines höheren Gesamteinkommens eingehen. Denn – um die Relation noch einmal in Erinnerung zu rufen – nur 42 % der Frauen, aber 64 % der Männer geben an, daß sich ihr Einkommen aus fixen und variablen Gehaltsbestandteilen zusammensetzt.

Auf die Frage danach, wie hoch der Anteil der variablen Gehaltsbestandteile am Gesamteinkommen ist, antworteten die Männer und Frauen wie folgt:

Tabelle 63: Anteil der variablen Gehaltsbestandteile am Gesamteinkommen

	Männer	Frauen
bis 10 %	34 %	46 %
11 % bis 15 %	15 %	11 %
16 % bis 20 %	21 %	20 %
21 % bis 30 %	16 %	16 %
über 30 %	13 %	5 %

Es zeigt sich, daß anteilsmäßig insgesamt etwa gleich viel Frauen wie Männer variable Gehaltsbestandteile zwischen 11 % und 30 % haben, jedoch deutlich mehr Frauen als Männer über geringe Anteile (bis 10 %) und deutlich weniger Frauen als Männer über besonders hohe Anteile (über 30 %) verfügen.

Dennoch sollte man aufgrund dieser Ergebnisse den Frauen raten, zur Verbesserung ihrer Einkommenssituation nicht ausschließlich auf fixe Gehälter zu setzen, sondern die Chance wahrzunehmen, mittels variabler Gehaltsbestandteile „Männereinkommen" zu erzielen.

Außerdem ist festzustellen, daß Führungskräfte, deren Einkommen variable – und das heißt erfolgs- bzw. leistungsabhängige – Gehaltsbestandteile enthält, längere Wochenarbeitszeiten angeben.

Tabelle 64: **Variable Gehaltsbestandteile und Wochenarbeitszeiten**

	Variable Gehaltsbestandteile		Nur Fixgehalt	
	Männer	Frauen	Männer	Frauen
bis 50 Std.	37 %	46 %	46 %	74 %
51 bis 60 Std.	40 %	43 %	46 %	24 %
über 60 Std.	23 %	11 %	10 %	1 %

Allerdings muß man zur Kenntnis nehmen, daß Männer mit ausschließlichen Fixgehältern genauso lange Wochenarbeitszeiten angeben wie Frauen, deren Gehälter variable Bestandteile enthalten. Gleichzeitig haben Frauen mit ausschließlich Fixgehältern die kürzesten Wochenarbeitszeiten und Männer mit variablen Gehaltsbestandteilen die längsten. Die Analogie zur Einkommenssituation ist unverkennbar!

Ergebnis: Mit Hilfe variabler Gehaltsbestandteile können sowohl Männer als auch Frauen ihre Einkommen steigern. Frauen können dadurch in begrenztem Maße „Männereinkommen" erzielen.

Zusammenfassung

1. Frauen verdienen in jeder der betrachteten **Führungsebenen** (erste, zweite sowie dritte Ebene und darunter) weniger als Männer in gleicher hierarchischer Position. Der Abstand, der schon 1986 und 1991 festgestellt wurde, ist geradezu zementiert.

2. Dies gilt insbesondere für die **Industrie** und die **Dienstleistungsunternehmen.** Lediglich im **Handel** haben die Frauen – auch dank der Stagnation der Einkommen der Männer – ein ähnliches Einkommensniveau wie die Männer erreicht.

3. Insgesamt ist das Einkommensniveau in den **größeren Unternehmen** (> 75 Mio DM Jahresumsatz) höher als in den **kleineren Unternehmen** (< 75 Mio DM Jahresumsatz). Davon profitieren auch die Frauen, ohne daß jedoch der Einkommensnachteil gegenüber den Männern in größeren Unternehmen etwa erheblich geringer wäre als in den kleineren Unternehmen. Insofern hat sich die Situation der Frauen 1998 gegenüber 1991 nicht geändert.

4. In allen **Aufgabenbereichen** liegen die Einkommen der Frauen deutlich unter denen der Männer, und zwar auch dann, wenn sie in derselben Führungsebene wie die Männer tätig sind. Besonders krass ist der Unterschied da, wo Männer zu den Spitzenverdienern

zählen, nämlich im Marketing. Insofern sind keine positiven Veränderungen für die Frauen gegenüber 1991 zu verzeichnen.

5. Mit zunehmendem Einkommen und mit höherer hierarchischer Position steigt die **wöchentliche Arbeitszeit**. Dennoch sind in allen Einkommensklassen und allen hierarchischen Ebenen Frauen wegen ihrer kürzeren Wochenarbeitszeiten weniger präsent als Männer.

6. Die Frauen, die in einer **beteiligungsmäßigen und/oder familiären Beziehung** zum Unternehmen stehen, haben ihre – in höherem Maße selbst bestimmbaren – Einkommen gegenüber 1991 deutlich erhöhen können und erreichen die Einkommensposition der Männer bzw. übertreffen diese teilweise. Beteiligte Frauen arbeiten zwar länger in der Woche als nicht beteiligte Frauen, aber nicht so lange wie beteiligte Männer, so daß sie gewissermaßen einen doppelten Vorteil aus ihrer Position heraus realisieren können!

7. Mit steigenden **Anteilen der Frauen in Führungspositionen** in den Unternehmen sinkt das Einkommensniveau; und das betrifft nicht nur die Frauen, sondern auch die Männer!

8. Im Vergleich zu 1986 und 1991 kann man heute feststellen, daß Frauen über 50 dieselben hierarchischen Positionen erreicht haben wie die Männer in dieser **Altersgruppe**. Dennoch ist der Einkommensnachteil dieser Frauen immens. Den „Altersbonus", den offenbar die Männer bekommen, erhalten Frauen nicht. Zwar ist über alle Altersgruppen hinweg der Einkommensnachteil der Frauen überaus deutlich erkennbar, doch zeigen sich geringfügige Signale der Verringerung des Abstands bei den jüngeren Führungskräften im Alter bis 39.

9. Eine Chance, dieselben Einkommen wie Männer zu erzielen, haben Frauen erst, wenn ihre **Gehälter variable, d.h. erfolgs- bzw. leistungsabhängige Bestandteile enthalten.** Immerhin gelingt es ihnen dann, das Einkommensniveau der Männer zu erreichen, die ausschließlich Fixgehälter bekommen. Im Vergleich zu den Einkommen der Männer, die ebenfalls variable Gehaltsbestandteile beziehen, liegen die Einkommen dieser Frauen jedoch noch weit darunter.

4.4 Der Blick in die Zukunft

Zufriedener denn je?
... mit der Arbeitssituation?

Erwartungen, Wünsche, Ziele, kurz: Die Vorstellungen von der eigenen Zukunft – all das formt sich auf der Basis der jeweiligen aktuellen Arbeitssituation und des bisher Erreichten.

Auf die Frage, ob sie mit ihrer Arbeitssituation zufrieden seien, antworten die männlichen und weiblichen Führungskräfte wie folgt:

Tabelle 65: Zufriedenheit mit der Arbeitssituation

	Männer		Frauen	
	1991	1998	1991	1998
ja	55 %	59 %	53 %	46 %
teilweise	40 %	34 %	41 %	47 %
nein	5 %	4 %	6 %	7 %

Im Vergleich zu 1991 (und auch zu 1986, hier nicht in Zahlen dargestellt) fällt auf, daß 1998 erstmalig Unterschiede feststellbar sind: **Unter den Männern ist der Anteil zufriedener Führungskräfte nicht zurückgegangen, während Frauen mit ihrer Arbeitssituation deutlich seltener zufrieden sind als die Männer.**

Diejenigen Männer und Frauen, die mit ihrer Arbeitssituation uneingeschränkt zufrieden sind, finden sich besonders häufig in der ersten Führungsebene (72 % der Männer und 55 % der Frauen). Allerdings ist hier der Unterschied zwischen Männern und Frauen besonders groß, während Männer und Frauen in der zweiten Ebene (53 % der Männer und 44 % der Frauen) sowie in der dritten Ebene und darunter (38 % der Männer und 35 % der Frauen) in der Beurteilung ihrer Arbeitssituation nicht soweit auseinander liegen.

Gleichzeitig ist damit auch festzustellen, daß – genau wie 1991 und 1986 – die Quote der vollständig zufriedenen Führungskräfte mit höherer hierarchischer Ebene deutlich ansteigt, was nicht ganz überraschend ist.

Dieselbe Beobachtung läßt sich für die Gehälter und die Zufriedenheit mit der Arbeitssituation machen. **Wie schon 1986 und 1991 steigt auch 1998 der Anteil ganz und gar zufriedener Führungskräfte mit zunehmendem Einkommen:** 79 % der Männer mit einem Jahresbruttogehalt von über DM 200.000 erklären ihre uneingeschränkte Zufriedenheit, und auch der Anteil der zufriedenen Frauen ist in dieser Gehaltsklasse mit 73 % am höchsten, während er im Bereich der Gehälter von „81–100 TDM" mit 25 % am niedrigsten ist („< 80 TDM": 32 %). Dagegen sind Männer, die unter DM 100.000 p.a. verdienen, verhältnismäßig zufriedener (über 50 %) als Frauen in diesen Gehaltsgruppen.

Bemerkenswert ist im Vergleich zu 1991, daß der Anteil der Frauen, der mit der Arbeitssituation uneingeschränkt zufrieden ist, 1998 in den unteren Gehaltsklassen mit 32 % bzw. 25 % deutlich niedriger ist als 1991, als noch 47 % dieser Frauen ihre Zufriedenheit erklärten.

Nach der Beobachtung von gleichzeitig steigendem Bruttojahresgehalt und steigender Zufriedenheit mit der Arbeitssituation erstaunt es nicht, daß unter denjenigen Frauen und Männern, die über variable Gehaltsbestandteile verfügen, Zufriedenheit häufiger geäußert wird (62 % der Männer, 51 % der Frauen) als unter denjenigen, die ausschließlich Fixgehälter beziehen (53 % der Männer, 41 % der Frauen).

Wirft man einen Blick auf die Branchen, so ist es wenig überraschend, daß sich im Handel der höchste Anteil völlig zufriedener Frauen (52 %) befindet, während gleichzeitig der Anteil der unzufriedenen Männer mit 44 % dort am höchsten ist. Immerhin handelt es sich um die einzige Branche, in der sich gegenüber 1991 die Einkommenssituation der Frauen an die der Männer angeglichen hat, und das bei relativ geringen und geregelten Arbeitszeiten. Der dagegen verhältnismäßig schlechte Status (Einkommen, Positionen und Arbeitszeiten) der Frauen im Dienstleistungssektor schlägt sich auch in dem hohen Anteil mit der Arbeitssituation unzufriedener Frauen nieder, nämlich in 61 %. Am besten geht es den Männern in der Industrie: 64 % sind mit ihrer Arbeitssituation ganz und gar zufrieden, während es im Dienstleistungssektor nur 54 % sind. Sogar 48 % der Frauen in der Industrie stellen ihre völlige Zufriedenheit fest.

Im Hinblick auf die Unternehmensgröße ist festzustellen, daß sowohl der Anteil uneingeschränkt zufriedener Männer als auch Frauen in den nach Umsatz größeren Unternehmen (> 75 Mio DM Jahresumsatz) höher ist als in den kleineren Unternehmen (< 75 Mio DM Jahresumsatz).

Will man sich auf die Suche nach einer völlig zufriedenen Führungskraft machen, wird man – egal, ob man eine Frau oder einen Mann sucht – sie innerhalb der verschiedenen Aufgabenbereiche mit größter Wahrscheinlichkeit im Personalbereich finden! 88 % der Männer im Personalbereich sind mit ihrer Arbeitssituation rundherum zufrieden, aber auch 68 % der Frauen. Die Rangfolge stellt sich wie folgt dar:

Tabelle 66: Zufriedenheit mit der Arbeitssituation in verschiedenen Aufgabenbereichen* (Rangfolge)

Männer		Frauen	
① Personal	88 %	① Personal	68 %
② Finanzen/Rechungswesen/Controlling	70 %	② Geschäftsleitung	59 %
③ Geschäftsleitung	67 %	③ Finanzen/Rechungswesen/Controlling	49 %
④ Vertrieb/Verkauf	42 %	④ Vertrieb/Verkauf	42 %
⑤ Einkauf	42 %	⑤ Einkauf	33 %
⑥ Marketing	41 %	⑥ Marketing	29 %
⑦ Werbung/PR/Kommunikation	33 %	⑦ Werbung/PR/Kommunikation	25 %

* Wegen der geringen Besetzung der Bereiche Produktion, F + E und EDV mit Frauen wurden diese Bereiche nicht dargestellt.

Festzuhalten bleibt zunächst, daß Männer durchweg häufiger uneingeschränkt zufrieden mit ihrer Arbeitssituation sind als Frauen. Allerdings stimmt die Rangfolge – gebildet nach den Anteilen zufriedener Männer und Frauen – im wesentlichen überein. So kann man annehmen, daß nicht eine eventuell geschlechtsspezifische oder andere individuell begründete Sichtweise das Urteil prägt, sondern daß vielmehr die Besonderheiten der Aufgabe und Arbeitsbedingungen in den einzelnen Bereichen entscheidend sind für die Zufriedenheit mit der Arbeitssituation.

Oder umgekehrt: Gibt es verallgemeinerbare Ursachen eingeschränkter Zufriedenheit, die jenseits individueller oder geschlechtsspezifischer Beurteilungen angesiedelt sind, so daß daraus Verbesserungsmaßnahmen abgeleitet werden können?

Tabelle 67: Gründe für Unzufriedenheit der Arbeitssituation (Rangfolge)

Männer		Frauen	
① Qualität der vorgesetzten Führungsebene	44 %	① Qualität der vorgesetzten Führungsebene	59 %
② Ausstattung (Mitarbeiter, Arbeitsmittel)	39 %	② Gehalt	44 %
③ verkrustete Betriebsstrukturen	38 %	③ häufiger Zwang zum Kompromiß	37 %
④ häufiger Zwang zum Kompromiß	34 %	④ verkrustete Betriebsstrukturen	33 %
⑤ Gehalt	30 %	⑤ Ausstattung (Mitarbeiter, Arbeitsmittel)	26 %
⑥ Aufgabe	14 %	⑥ hierarchische Stellung	18 %
⑦ hierarchische Stellung	11 %	⑦ Aufgabe	8 %

Von einzelnen Männern wurden außerdem genannt: Qualität der gleichgestellten Führungsebene, Qualifikation der Bereichs- und Abteilungsleiter und die Konzernstruktur. Von einzelnen Frauen wurde zusätzlich genannt: Wettbewerbssituation auf dem Weltmarkt, geringer Stellenwert der Marketing- bzw. PR-Abteilung, Einstellungen bestimmter Mitarbeiter, tarifliche und gesetzliche Regelungen, Trägheit bei Veränderungen und ungeklärte Privatisierungssituation. Persönliche Gründe geben nur drei Frauen an: Persönliche Überforderung als alleinerziehende Mutter, zu wenig Freizeit und zu geringe Möglichkeiten der Teilzeitbeschäftigung, was wegen notwendiger Kinderbetreuung bedauert wird.

Die wirkungsvollste Möglichkeit, aus unzufriedenen Führungskräften zufriedene zu machen, besteht offensichtlich darin, sie zu befördern! Schließlich war ja auch schon festgestellt worden, daß der Anteil zufriedener Führungskräfte mit höherer hierarchischer Position steigt. Am häufigsten wird als Grund für Unzufriedenheit nämlich die mangelhafte Qualität der vorgesetzten Führungsebene genannt. Daß dies besonders häufig von Frauen angeführt wird, verwundert nicht, da die mangelnde Akzeptanz von Geschäftsleitung bzw. Vorgesetzten – und zwar insbesondere von (meistens) männlichen Vorgesetzten – als bedeutendes Hindernis auf dem Weg nach oben identifiziert wurde. Leistungen von Frauen in Zweifel zu ziehen, weil sie von Frauen erbracht werden, das ist zweifellos ein schwerwiegender Qualifikationsmangel und schadet dem Unternehmen.

Ein weiterer Blick in die Details zeigt, daß insbesondere Männer und Frauen in den größeren Unternehmen und im Dienstleistungssektor am häufigsten die Qualität der vorgesetzten Führungsebene als Quelle ihrer Unzufriedenheit angeben. Sollten hier Peter-Prinzip und schnelles Wachstum in ungünstiger Weise zusammenwirken?

Wenn auch an sich – weil, wie gezeigt, sehr wohl begründet – die Unzufriedenheit der Frauen mit dem Gehalt deprimierend ist, so ist andererseits erfreulich, daß im Vergleich zu 1991 nicht mehr nur 31 % der nicht oder nicht ganz zufriedenen Frauen dies als Grund dafür anführen, sondern nunmehr 44 %! Und die **Frauen wissen, warum sie mit ihren Gehältern unzufrieden sein müssen: 85 % stellen fest, daß ihre Gehälter nicht leistungsgerecht sind, nur 15 % meinen, daß sie zu wenig für Ausgaben zur Verfügung haben.** Aber auch die Männer führen über zu geringe Gehälter Klage: 30 % im Jahr 1998 gegenüber 24 % im Jahr 1991. Auch die Mehrheit dieser Männer (90 %) hält ihr Gehalt nicht für leistungsgerecht, nur für 10 % reicht es nicht für die wünschenswerten Ausgaben.

Dagegen nennen Männer schon auf dem zweiten Rang als Grund für ihre Unzufriedenheit die Ausstattung mit Mitarbeitern und Arbeitsmitteln (39 %), was sie etwa gleich häufig schon 1991 monierten (41 %). 1991 beklagten sich hierüber 34 % der weniger zufriedenen Frauen, 1998 nur noch 26 %. Nicht nur 1991 hätten eher die Frauen Grund zur Klage gehabt als die Männer, auch 1998 hätten die Beschwerden deutlich häufiger artikuliert werden müssen. Schließlich mußten und müssen Frauen ihre Aufgaben auf derselben Führungsebene wie Männer durchweg mit weniger Mitarbeitern erledigen (vgl. Kapitel 6).

Im übrigen zeigt die Rangfolge der Gründe für Unzufriedenheit mit der Arbeitssituation keine nennenswerten Abweichungen zwischen Männern und Frauen. Das entspricht der Situation von 1991.

Weiter oben war festgestellt worden, daß im Vergleich zu den Männern in der ersten Führungsebene sehr viel weniger Frauen dort uneingeschränkt mit der Arbeitssituation zufrieden sind (72 % der Männer, 55 % der Frauen). Die häufigste Ursache dafür liegt in der nicht leistungsgerechten Vergütung der Frauen: 53 % der nicht zufriedenen Frauen beklagen sich – wie festgestellt zu Recht – über ihr zu niedriges Gehalt. Nur 27 % unzufriedene Männer in der ersten Ebene nennen zu niedrige Gehälter als Ursache für ihre Unzufriedenheit, die meisten (40 %) den zu häufigen Zwang zum Kompromiß.

Betrachtet man die Einkommensklassen, so wird von den Männern in keiner das zu geringe Gehalt als häufigste Ursache der Unzufriedenheit genannt. Dagegen ist das Bewußtsein der gehaltlichen Benachteiligung bei den Frauen sehr wohl inzwischen vorhanden: Insbesondere im Bereich der niedrigsten Gehälter von weniger als DM 80.000 p.a. ist das der häufigste Grund für die Unzufriedenheit mit der Arbeitssituation. Und zwar ganz vorrangig deshalb, weil das Gehalt als nicht leistungsgerecht empfunden wird (79 %).

Begreift man Zufriedenheit mit der Arbeitssituation als Ausdruck von Motivation, dann sollte ein Blick auf die Begründungen für Unzufriedenheit in den Bereichen Marketing und Werbung/PR/Kommunikation (vgl. Tabelle 66) helfen, Hinweise für notwendige Veränderungen und Maßnahmen zu bekommen.

Für 76 % der teilweise oder ganz unzufriedenen Frauen im Marketing und 73 % dieser Frauen im Bereich Werbung/PR/Kommunikation ist die Qualität der vorgesetzten Führungsebene die Ursache ihrer Unzufriedenheit. Männer sehen ihre Vorgesetzten in diesen Bereichen in milderem Licht: Nur 36 % der unzufriedenen Männer im Marketing und 35 % dieser Männer in der Werbung urteilen so über ihre Vorgesetzten. Für unzufriedene Männer im Marketing und solche im Bereich Werbung/PR/Kommunikation ist der Zwang zum Kompromiß häufigster Grund für Unzufriedenheit (43 % im Marketing und 67 % in der Werbung), was natürlich auch in der niedrigeren – oder höheren? – Qualifikation der Vorgesetzten begründet sein kann. Anzumerken ist noch, daß trotz des größten Anteils zufriedener Frauen im Personalbereich (68 %) von den nicht und nicht ganz zufriedenen Frauen – und zwar am häufigsten im Vergleich zu allen anderen Aufgabenbereichen – 89 % ihre Unzufriedenheit mit der mangelhaften Qualität der vorgesetzten Führungsebene begründen (dasselbe tut nur ein einziger Mann)!

Um den Bedingungen für Zufriedenheit mit der Arbeitssituation bzw. den abstellbaren Ursachen für Unzufriedenheit auf die Spur zu kommen, sollte man sich die Männer und Frauen ansehen, die als Beteiligte an ihrem Unternehmen und/oder Mitglied der Eigentümerfamilie höchstmöglichen Einfluß auf die Arbeitsbedingungen haben.

Zunächst ist festzuhalten, daß der Anteil uneingeschränkt zufriedener Führungskräfte unter den an ihren Unternehmen beteiligten bzw. familiär an ihre Unternehmen gebundenen Männern und Frauen unterschiedlich hoch ist: Während es bei den Männern kaum eine Abweichung gibt zu den „reinen" angestellten Führungskräften, ist das bei den Frauen ganz anders: **64 %** der beteiligten Frauen, aber nur 40 % der „nur"-angestellten Frauen erklären, daß sie ganz und gar zufrieden seien. Beteiligte Frauen nutzen offenbar ihre Position, um sich ihre Arbeitsbedingungen besser gemäß ihren Ansprüchen einzurichten, was „reinen" angestellten weiblichen Führungskräften nicht leicht fällt oder gar nicht gelingen kann. Demzufolge unterscheiden sich auch die am häufigsten genannten Ursachen für Unzufriedenheit: Für 62 % der angestellten weiblichen Führungskräfte liegen diese – kaum noch verwunderlich – in der Qualität der vorgesetzten Führungsebene, für 44 % der beteiligten Frauen im häufigen Zwang zum Kompromiß. Für letztere bietet das Gehalt kaum Anlaß für Unzufriedenheit, während für 48 % der angestellten Führungsfrauen das die zweithäufigste Ursache der Unzufriedenheit ist.

Ein Blick auf die beteiligten Männer zeigt, daß sie noch häufiger als die Frauen, nämlich zu 75 %, ihre Unzufriedenheit auf den häufigen Zwang zum Kompromiß zurückführen.

Das macht deutlich, daß der Kompromiß nicht oder nicht ausschließlich auf interne Bedingungen, sondern vielmehr und viel öfter auch auf äußere Einflüsse zurückzuführen ist.

Zufriedener denn je?
... mit dem Karriereverlauf?

Angesichts der Einkommensnachteile und der allgemein geringeren Arbeitszufriedenheit der Frauen im Vergleich zu den Männern erweist sich dennoch, daß Frauen nicht seltener als Männer enttäuscht sind von dem, was sie für sich erreicht haben. Auch haben sie kaum häufiger als Männer schon einmal ernsthaft an Ausstieg aus dem Karrierezug gedacht.

Tabelle 68: Zufriedenheit mit dem Karriereverlauf

	Männer		Frauen	
	1991	1998	1991	1998
bin weitergekommen als erwartet	28 %	32 %	46 %	41 %
habe erreicht was ich wollte	59 %	57 %	37 %	44 %
bin enttäuscht	1 %	2 %	2 %	2 %
häbe schon mal ernsthaft an Ausstieg gedacht	7 %	7 %	11 %	10 %

Dennoch machen die Antworten deutlich, daß Karriere im Sinne von Aufstieg in einem Unternehmen für Frauen öfter als für Männer immer noch etwas Überraschendes, den Eintritt des nicht Erwarteten an sich hat. Andererseits zeigt sich im Vergleich zu 1991 auch eine zunehmende Selbstverständlichkeit des Erfolgs.

Auf die Frage, ob schon am Beginn des Berufslebens daran gedacht wurde, später einmal eine Führungsposition zu übernehmen, wurden 1991 und 1998 folgende Antworten gegeben.

Tabelle 69: Die Selbstverständlichkeit der Führungsposition

	Männer		Frauen	
	1991	1998	1991	1998
ja, war selbstverständlich	43 %	44 %	21 %	23 %
ja, an die Möglichkeit habe ich schon gedacht	46 %	43 %	45 %	46 %
nein	11 %	13 %	34 %	29 %

Während etwa anteilsmäßig gleich viel Männer und Frauen sowohl 1991 als auch 1998 die Möglichkeit der Erreichung einer Führungsposition für sich zu Beginn des Berufslebens eher vage eingeschätzt haben, bleiben die Anteile der Männer und Frauen, für die die Übernahme einer Führungsposition selbstverständlich oder gar nicht vorstellbar war, weit auseinanderliegend.

Zwar scheint die spätere Führungsposition für Frauen etwas selbstverständlicher geworden zu sein als noch vor sieben Jahren, dennoch ist der Unterschied zu den Männern groß: Fast doppelt so viel Männer wie Frauen haben schon am Anfang ihres Berufslebens es für selbstverständlich gehalten, irgendwann eine Führungsposition zu besetzen. Ähnlich war die Relation auch schon 1991.

Selbst dann, wenn aufgrund einer Beteiligung und/oder familiären Beziehung zum Unternehmen Frauen der Zugang zu einer Führungsposition naheliegender erscheinen könnte als in den Fällen, in denen solche Beziehungen nicht bestehen, bewirkt dies keine besondere Neigung zur Karriere.

Tabelle 70: Die Selbstverständlichkeit der Führungsposition im Fall beteiligungsmäßiger und/oder familiärer Beziehung zum Unternehmen

	Männer		Frauen	
	beteiligt	nicht beteiligt	beteiligt	nicht beteiligt
ja, war selbstverständlich	64 %	41 %	19 %	24 %
ja, an die Möglichkeit habe ich schon gedacht	24 %	46 %	47 %	46 %
nein	12 %	13 %	28 %	29 %

Für sehr viel mehr Männer als Frauen ist in der besonderen Beziehung zum Unternehmen die Selbstverständlichkeit der Führungsposition begründet.

Daß dieses Selbstverständnis eine wesentliche Grundlage für den Erfolg der Männer – und zwar für alle – darstellt, erkennt man daran, daß diese Männer den größten Anteil in der ersten Führungsebene (60 %) und in der höchsten Gehaltsklasse (> 200 TDM p.a.: 64 %) stellen. Gleichzeitig ist für die Frauen in der ersten Führungsebene festzustellen, daß nur für 21 % die Führungsposition eine Selbstverständlichkeit war, sogar 26 % am Anfang ihres Berufslebens überhaupt nicht daran gedacht haben, später mal eine Führungsposition zu übernehmen. Sogar ein Drittel der Frauen in der höchsten Gehaltsklasse (> 200 TDM p.a.) stellt letzteres für sich fest.

Zusammenfassung

1. Die meisten Männer und Frauen in Führungspositionen sind sowohl mit ihrem persönlichen Karriereerfolg als auch mit ihrer Arbeitssituation zufrieden. Der Anteil unzufriedener und enttäuschter Führungskräfte liegt deutlich unter 10 %.

2. Der Anteil derer, die mit ihrer Arbeitssituation uneingeschränkt zufrieden sind, steigt mit höherer hierarchischer Ebene und zunehmendem Bruttojahresgehalt – und ist höher, wenn das Gehalt auch variable Bestandteile enthält. Das gilt für Männer und Frauen.

3. Den höchsten Anteil ganz und gar zufriedener Führungskräfte findet man im Personalbereich, die geringsten Anteile in den Berei-

chen Marketing und Werbung/PR/Kommunikation. Auch das gilt gleichermaßen für Männer und Frauen.

4. Gleichzeitig muß aber auch festgestellt werden, daß insgesamt der Anteil vollständig zufriedener Frauen geringer ist als der der Männer. Insbesondere im Vergleich zu 1991 ist der Anteil der Frauen gesunken, der mit der Arbeitssituation ganz und gar zufrieden ist. Unzufrieden sind Frauen und Männer überwiegend mit der Qualität der vorgesetzten Führungsebene, wobei Frauen offenbar häufiger (59 %) als Männer (44 %) Kritik anzubringen haben. An zweiter Stelle wird in der Rangfolge der Ursachen von weiblicher Unzufriedenheit das (nicht leistungsgerechte) Gehalt (44 %) genannt, das von den Männern den fünften Rangplatz (30 %) zugewiesen bekommt.

5. Frauen sind nicht häufiger als Männer von dem enttäuscht, was sie erreicht haben; demzufolge haben sie auch kaum häufiger als Männer schon einmal an Ausstieg gedacht (Frauen: 10 %, Männer: 7 %). Diese Beurteilung der eigenen Situation hat sich gegenüber 1991 nicht verändert. Daß Frauen häufiger als Männer mehr erreicht haben, als sie erwartet hatten, liegt unter anderem darin begründet, daß sie sehr viel seltener als Männer schon am Anfang ihres Berufslebens daran gedacht hatten, eine Führungsposition zu übernehmen.

Die Neigung, aus dem Karrierezug auszusteigen, ist 1998 genauso groß – oder besser gesagt genauso gering – wie 1991: Nur 7 % der Männer und 10 % der Frauen haben schon einmal ernsthaft an Ausstieg gedacht. Doch wohin? Bedeutet Ausstieg der Umstieg in die unternehmerische Selbständigkeit oder gar ganzer oder teilweiser Rückzug ins Privatleben?

Ausstieg – wohin?

Das hängt sicherlich unter anderem von der gegenwärtigen Situation ab. Wer sind die „Ausstiegskandidaten"?

Tabelle 71: Überdurchschnittliche Neigung zum Ausstieg

	Männer		Frauen	
Aufgaben- bereiche	Werbung/PR Kommunikation	22 %	Einkauf	17 %
	EDV	20 %	Geschäftsleitung	15 %
	Vertrieb/Verkauf	10 %	Personal	14 %
Branchen	Handel	15 %	Handel	13 %
Führungsebene	3. Ebene	13 %	3. Ebene	15 %
Gehalt	101–150 TDM	11 %	101–150 TDM	16 %

Daß Ausstiegsneigungen häufiger als im Durchschnitt bei Männern und Frauen in der dritten Führungsebene und auf der Basis eines mittleren Einkommens erwachsen, läßt sich nachvollziehen.

Bei den Frauen fällt auf, daß trotz der recht hohen Anteile zufriedener Frauen im Handel und im Personalbereich Ausstiegswünsche ernsthaft erwogen werden, während gerade bei den Männern der verhältnismäßig geringe Anteil zufriedener Führungskräfte im Handel und im Bereich Werbung/PR/Kommunikation mit überdurchschnittlicher Ausstiegsneigung einhergeht. Es ist daher zu vermuten, daß Ziele und Motive eines möglichen Ausstiegs von Männern und Frauen unterschiedlich sind.

... in die Selbständigkeit?

Es zeigt sich, daß sich Männer häufiger als Frauen mit dem Gedanken der Selbständigkeit auseinandersetzen (56 % der Männer, 47 % der Frauen). **Im Vergleich zu 1991 haben sich damit die Anteile der Männer und Frauen, die sich schon einmal ernsthaft mit dieser Alternative befaßt haben, mehr als verdoppelt!** Allerdings haben sich 1998 nur 5 % der Frauen und 5 % der Männer den Umstieg in die Selbständigkeit fest vorgenommen.

Dabei zeigt sich, daß diese Männer und Frauen vorrangig aus der Industrie kommen, wenige aus dem Handel, keine einzige, kein einziger aus Dienstleistungsunternehmen. Unter den zukünftigen Unternehmern ist kein einziger Mann aus den Bereichen Werbung/PR/Kommunikation und EDV und nur zwei nennen den Vertrieb/Verkauf als ihr derzeitiges Tätigkeitsgebiet. Dagegen stimmen überdurchschnittliche Ausstiegsneigung und der feste Wille zur Selbständigkeit bei den Frauen im Hinblick auf die Aufgabenbereiche überein.

Meilensteine der Karriere

Die meisten zukünftigen Unternehmer haben derzeit eine Position in der ersten Führungsebene und verdienen mehr als DM 200.000 p.a., die meisten zukünftigen Unternehmerinnen befinden sich in der dritten Führungsebene und verdienen weniger als DM 150.000 im Jahr. **Es deutet einiges darauf hin, daß die Ausstiegsneigung und der feste Wille, den Wunsch nach unternehmerischer Selbständigkeit in die Tat umzusetzen, bei Frauen näher beieinander liegen als bei Männern.** Möglicherweise ist die Ausstiegsneigung der Männer eher Ausdruck einer temporären Unzufriedenheit als die Basis eines in die Tat umzusetzenden Plans, was angesichts der Karrierechancen der Männer als angestellte Führungskräfte verständlich ist.

Dennoch lehnen mehr Frauen (36 %) als Männer (27 %) die unternehmerische Selbständigkeit für sich als Alternative kategorisch ab. Warum?

Tabelle 72: Gründe für Ablehnung von Selbständigkeit

	Männer	Frauen
in der Person liegende Gründe	45 %	31 %
in der derzeitigen Arbeitssituation liegende Gründe	16 %	17 %
zu höhe Risiken	12 %	22 %
berufsbedingte Gründe	4 %	14 %

Zunächst ist auffällig, daß Frauen die Risiken der Selbständigkeit häufiger nennen als die Männer. Außerdem scheint ihnen öfter als den Männern ihre berufliche Ausbildung und Tätigkeit nicht geeignet zu sein für das Unternehmen „Selbständigkeit". Dennoch zweifeln sie seltener als Männer an ihren Fähigkeiten und Voraussetzungen zur Selbständigkeit: Männer fühlen sich häufiger als Frauen zu alt dafür (!) und fürchten die größere Arbeitsbelastung; für Frauen ist das kein bedeutender Hinderungsgrund, hier spielt eher die familiäre Situation eine Rolle.

Insgesamt läßt sich feststellen, daß zwar die Beurteilung der Alternative „Selbständigkeit" durch Männer und Frauen aus den unterschiedlichsten Gründen unterschiedlich ist, dennoch **der Anteil von männlichen und weiblichen Führungskräften, der fest entschlossen ist, diese Alternative zum Angestelltendasein zu realisieren, gleich hoch ist!**

... in die Teilzeit?	Ausstieg muß nicht nur Umstieg in die Selbständigkeit oder Totalausstieg ins Privatleben bedeuten, sondern kann auch Reduzierung des Engagements heißen, und zwar in Richtung dessen, was heute als Teilzeit bezeichnet wird. Was im Führungskräftebereich damit gemeint ist, ist nicht so ganz klar, da eine 40-Stunden-Woche nicht die Regelarbeitszeit repräsentiert, somit die Vorstellungen von Teilzeit nicht auf die verbreitete Vorstellung von einer 20-Stunden-Woche abzielen kann.

Dennoch wurde angesichts aktueller Diskussionen die Frage gestellt, ob man selber gerne in Teilzeit arbeiten würde und ob man sich vorstellen könne, daß die Aufgaben, die die einzelne angesprochene Führungskraft heute bewältigt, auch von Teilzeitführungskräften erledigt werden könnten. Dabei wurde bewußt auf eine Quantifizierung dessen, welchen Arbeitsumfang man sich unter Teilzeit vorzustellen habe, verzichtet. Dies wiederum provozierte eine Teilnehmerin der Befragung zu der Antwort, daß ihr Ziel nicht Teilzeit, sondern eine 40-Stunden-Woche sei. Ansonsten wurden die Fragen ganz offensichtlich mit der zutreffenden Vorstellung von einer nach Verantwortung und Kompetenzen richtig zugeschnittenen Führungsaufgabe beantwortet, d.h. unter der Annahme, daß die Verantwortung für einen nach sachlichen Gesichtspunkten abgegrenzten Aufgabenbereich auf (mindestens) zwei Personen übertragen wird.

Auf die Frage „Würden Sie persönlich gerne in Teilzeit arbeiten?" antworten 39 % der Frauen und 29 % der Männer mit „ja". D. h. gleichzeitig, daß mehr als ein Drittel der Frauen eine weitere Verkürzung der Arbeitszeit wünscht, obwohl Frauen bereits deutlich geringere Wochenarbeitszeiten angeben als Männer. Außerdem haben immerhin schon 4 % der Frauen ihren Wunsch nach einer Teilzeitbeschäftigung realisieren können, jedoch keiner der Männer.

Besonders ausgeprägt ist der Wunsch nach Teilzeit bei den Frauen in der dritten Führungsebene und darunter (55 %); Frauen in der zweiten (37 %) und ersten Ebene (35 %) äußern diesen Wunsch seltener. Bemerkenswert ist, daß immerhin auch ein Viertel der Männer der dritten Führungsebene und ein Fünftel in der ersten Führungsebene einer Teilzeitbeschäftigung positiv gegenüber stehen. Andererseits ist deutlich, daß Teilzeitwünsche in der ersten Ebene und der höchsten Gehaltsklasse von Männern am seltensten geäußert werden. Auch diejenigen Männer, deren Gehälter variable Bestandteile enthalten, äußern nicht so häufig (28 %) wie Männer mit Fixgehältern (32 %) den Wunsch nach Teilzeitbeschäftigung.

Das gilt nicht für Frauen. Wenn auch der Wunsch nach Teilzeitbeschäftigung mit höherer hierarchischer Ebene abnimmt, an die Einkommenshöhe ist er offenbar bei den Frauen nicht gebunden: Von den Frauen, die unter DM 80.000 p.a. verdienen, äußern diesen Wunsch ebenso viele (43 %) wie von denjenigen, die Einkommen von über DM 200.000 p.a. haben (41 %). Und im Gegensatz zu den Männern sind es häufiger die Frauen, deren Gehälter variable Bestandteile enthalten (46 %), als diejenigen, die ausschließlich Fixgehälter beziehen (34 %), die sich eine Teilzeittätigkeit wünschen.

Betrachtet man die Branchen, so ist festzustellen, daß am häufigsten die Männer (30 %) und Frauen (46 %) im Handel Teilzeitwünsche hegen, am geringsten ist die Neigung im Dienstleistungssektor (28 % der Männer, 35 % der Frauen). Die relativ geringe Neigung zur Teilzeit in Dienstleistungsunternehmen könnte unter anderem damit begründet sein, daß hier im Vergleich zu den anderen Branchen häufiger auch zu Hause gearbeitet werden kann (15 % der Männer und 16 % der Frauen in Dienstleistungsbetrieben nehmen diese Möglichkeit wahr).

Ein Blick in die Aufgabenbereiche zeigt, daß Frauen im Marketing und im Bereich Werbung/PR/Kommunikation mit am häufigsten Teilzeitwünsche haben, während das gerade die Arbeitsbereiche sind, in denen Männer am seltensten solche Wünsche hegen.

Im Hinblick auf die Größe der Unternehmen, in denen die Teilzeitaspiranten beschäftigt sind, ergibt sich kein eindeutiges Bild.

Können die geäußerten Wünsche nach Teilzeitarbeit in Erfüllung gehen? Das wird trotz der im Führungskräftebereich gegebenen Entscheidungsspielräume von den befragten Männern und Frauen eher skeptisch gesehen.

Tabelle 73: Teilzeitwünsche und Machbarkeit von Teilzeit

	Männer	Frauen
Teilzeit erwünscht	29 %	39 %
Teilzeit machbar	20 %	32 %

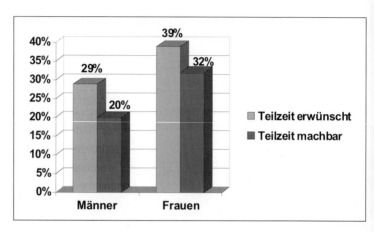

Anders ausgedrückt: **79 % der Männer und 67 % der Frauen können sich nicht vorstellen, daß die Aufgaben, die sie in ihrer Position erfüllen, von Teilzeitführungskräften genauso gut bewältigt werden könnten.**

Noch deutlicher als für die Abneigung gegenüber der Teilzeitarbeit spielt für deren Machbarkeit die hierarchische Ebene eine Rolle.

Tabelle 74: Ablehnung von Teilzeit in den verschiedenen Führungsebenen

	Männer	Frauen
3. Ebene und darunter	75 %	35 %
2. Ebene	72 %	70 %
1. Ebene	93 %	74 %

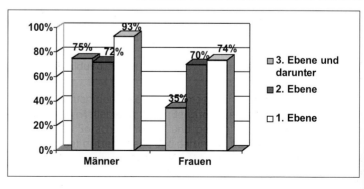

Bemerkenswert ist der niedrige Anteil an Frauen in der dritten Ebene und darunter, der Teilzeit für nicht machbar hält, der sich jedoch schon in der zweiten Ebene verdoppelt.

Ein ähnliches Bild ergibt sich bei Betrachtung der Einkommen: Während in der niedrigsten Einkommensklasse (< 80 TDM p.a.) 75 % der Männer und 63 % der Frauen Teilzeit in ihrer Position für unmöglich halten, sind die Anteile im Bereich der höchsten Einkommen (> 200 TDM p.a.) auf über 80 % gestiegen (Männer: 81 %, Frauen: 83 %). Auch dann, wenn die Gehälter variable Bestandteile haben, wird Teilzeit häufiger abgelehnt (von 81 % der Männer und 71 % der Frauen) als wenn die Gehälter ausschließlich fix sind (Ablehnung von 76 % der Männer und 74 % der Frauen). Auf die Bedeutung des Einkommens für die Beurteilung der Realisierungsmöglichkeiten von Teilzeit wird später im Zusammenhang mit den Ablehnungsgründen noch einmal eingegangen.

Zunächst sei noch einmal ein Blick auf die Branchen und Aufgabenbereiche geworfen: In welchem Verhältnis stehen Teilzeitwünsche und Machbarkeit zueinander?

Tabelle 75: Teilzeitwünsche und Machbarkeit von Teilzeit in verschiedenen Branchen

	Männer		Frauen	
	erwünscht	machbar	erwünscht	machbar
Industrie	29 %	18 %	40 %	33 %
Handel	30 %	15 %	46 %	30 %
Dienstleister	28 %	24 %	35 %	30 %

Die Zahlen zeigen, daß sowohl Männer als auch Frauen in Dienstleistungsunternehmen die Realisierung ihrer Teilzeitwünsche eher für möglich halten als die Führungskräfte in anderen Branchen. Insbesondere im Handel liegen Wunsch und Realisierungschancen offenbar weit auseinander.

An dieser Stelle sei angemerkt, daß auch für die Machbarkeit – wie für den Wunsch nach Teilzeit – die Unternehmensgröße keine eindeutig erkennbare Rolle spielt; eine sehr vorsichtige Interpretation der Zahlen legt allerdings nahe, daß die Realisierung von Teilzeit in den umsatzstärkeren Unternehmen (> 75 Mio DM Jahresumsatz) eher schlechter eingeschätzt wird.

Tabelle 76: Teilzeitwünsche und Machbarkeit von Teilzeit in verschiedenen Aufgabenbereichen

	Männer		Frauen	
	erwünscht	machbar	erwünscht	machbar
Einkauf	37 %	26 %	55 %	50 %
Geschäftsleitung	32 %	13 %	44 %	22 %
Finanzen/Rechnungswesen/Controlling	30 %	36 %	25 %	20 %
Vertrieb/Verkauf	28 %	15 %	42 %	38 %
Personal	25 %	25 %	42 %	39 %
Marketing	19 %	11 %	47 %	40 %
Werbung/PR/Kommunikation	13 %	33 %	44 %	44 %

Die Gegenüberstellung von Teilzeitwünschen und Beurteilung ihrer Realisierungschancen zeigt ein sehr uneinheitliches Bild. Es kann davon ausgegangen werden, daß sich nicht nur in den Wünschen, sondern auch in den Einschätzungen der Realisierungschancen stark subjektive, individuell unterschiedliche Präferenzen verbergen.

Wenn auch die Machbarkeit von Teilzeit in den verschiedenen Aufgabenbereichen durch Frauen häufiger anders beurteilt wird als von Männern, so deutet dennoch die Bildung einer Rangfolge entsprechend der Häufigkeit der positiven Einschätzungen darauf hin, daß das Teilzeitpotential in den Bereichen

- Werbung/PR/Kommunikation,
- Einkauf und
- Personal

von Männern und von Frauen gleichermaßen für höher gehalten wird als in den Bereichen

- Vertrieb/Verkauf,
- Marketing,
- Finanzen/Rechnungswesen/Controlling und
- in der Geschäftsleitung.

Tabelle 77: Machbarkeit von Teilzeit in verschiedenen Aufgabenbereichen (Rangfolge)

Männer		Frauen	
① Finanzen/Rechnungswesen/Controlling	36 %	① Einkauf	50 %
② Werbung/PR, Kommunikation	33 %	② Werbung/PR Kommunikation	44 %
③ Einkauf	26 %	③ Marketing	40 %
④ Personal	25 %	④ Personal	39 %
⑤ Vertrieb/Verkauf	15 %	⑤ Vertrieb/Verkauf	38 %
⑥ Geschäftsleitung	13 %	⑥ Geschäftsleitung	22 %
⑦ Marketing	11 %	⑦ Finanzen/Rechungswesen/Controlling	20 %

Insgesamt ist festzustellen, daß es eindeutige Favoriten für Teilzeitarbeit im Führungskräftebereich unter den verschiedenen Aufgabengebieten nicht gibt. Es wird immer auch die jeweilige Aufgabenstellung in Abhängigkeit von der Führungsebene und unter den besonderen Bedingungen der Branche zu berücksichtigen sein.

Da drei Viertel der Führungskräfte sich nicht vorstellen können, daß ihre derzeitigen Aufgaben von einer Teilzeitführungskraft erfüllt werden könnten und fast zwei Drittel die Frage nach dem Wunsch nach Teilzeitarbeit verneint haben, stellt sich die Frage nach den Gründen für die Ablehnung von Teilzeit.

Zunächst ist festzustellen, daß die Ablehnungsgründe außerordentlich vielfältig sind. Es werden teils sehr sachliche Argumente angeführt, die aus der besonderen Aufgabe einer Führungskraft resultieren, somit objektivierbar und verallgemeinerbar sind. In diesem Zusammenhang wird aber auch auf besondere Phasen einer Strategie oder eines Projekts verwiesen, die zumindest aktuell und temporär begrenzt eine Reduzierung des Engagements nicht zulassen. Ein weiteres Bündel von Gründen für die Ablehnung von Teilzeit ergibt sich aus der Persönlichkeit und der persönlichen Lebenssituation.

Tabelle 78: Begründungen für die Ablehnung von Teilzeit in Führungspositionen

	Männer	Frauen
Sachliche Gründe		
• aus der **Aufgabe** resultierend: z. B.	20 %	20 %
– zu großer Aufgabenbereich		
– zu spezielle Aufgaben		
– zu komplexe Aufgaben		
– zu vernetzte Aufgaben		
– strategie- u. projektbedingt		
• aus der **Art der Tätigkeit (Führung!)** resultierend: z. B.	17 %	19 %
– mangelnder Überblick		
– mangelnde Effizienz		
– Kommunikationsprobleme		
– Koordinationsprobleme		
– Verantwortung nicht teilbar		
– Präsenz für Entscheidungen notwendig		
• aus der **Position** resultierend	10 %	4 %
Persönliche Gründe		
• aus der **Persönlichkeit** resultierend: z. B.	17 %	31 %
– Spaß am Beruf		
– zu ehrgeizig		
– wäre nicht erfüllend		
– Karriereziele dann nicht erreichbar		
• aus der **Lebenssituation** resultierend: z. B.	19 %	21 %
– finanzielle Gründe		
– alleinstehend, keine Doppelbelastung		

Teilzeit in Führungspositionen wird vorrangig mit sachlichen Argumenten abgelehnt, die von Männern und Frauen qualitativ und quantitativ gleichermaßen angeführt werden (obwohl sich – wenn auch eine Minderheit – mehr Männer als Frauen auf die Position an sich berufen). Auffällig ist der hohe Anteil von Frauen, der sehr persönliche, aus dem Engagement für den Beruf heraus erwachsende Gründe gegen eine Teilzeitbeschäftigung anführt. Auch unter Berücksichtigung dessen, daß zwar nur 57 % der Frauen, aber 71 % der Männer Teilzeit für sich persönlich – unabhängig von deren Realisierbarkeit – ablehnen, stellen damit Frauen ein außerordentlich hohes Potential persönlich engagierter Führungskräfte dar.

Bemerkenswert ist außerdem, daß insgesamt 18 % der Männer und 15 % der Frauen finanzielle Gründe dafür anführen, daß an Teilzeit nicht zu denken sei. Die mit Teilzeittätigkeit einhergehenden Einbußen an Lebensstandard will man nicht hinnehmen: Männer müssen noch ein Haus finanzieren, Frauen ihre Rente.

Da insbesondere Männer und Frauen in der ersten Führungsebene Teilzeit für sich ablehnen, sei zusätzlich ein Blick auf deren Begründungen hierfür geworfen; möglicherweise lassen sich aus den Argumenten dieser Führungskräfte auf Grund ihrer größeren Erfahrung fundiertere Hinweise für und wider Teilzeit gewinnen.

Tabelle 79: Begründungen für die Ablehnung von Teilzeit in Führungspositionen/1. Führungsebene

	Männer	Frauen
... Aufgabe	21 %	30 %
... Tätigkeit	23 %	22 %
... Position	17 %	0 %
... Persönlichkeit	13 %	39 %
... Lebenssituation	15 %	17 %

Es zeigt sich, daß in der ersten Führungsebene die sachlichen Argumente, die aus den Aufgaben und der Art der Tätigkeit resultieren, überdurchschnittliches Gewicht bekommen. Das gilt für Frauen wie für Männer gleichermaßen. Frauen betonen darüber hinaus noch häufiger persönliche Gründe, die in ihrem Engagement liegen, während keine einzige Frau sich auf ihre Position an sich beruft – und das in der ersten Führungsebene! Nicht ganz so häufig wie im Durchschnitt werden finanzielle Gründe gegen eine Teilzeittätigkeit angeführt, doch haben sie auch bei ranghöheren Führungskräften ihr Gewicht (15 % der Männer und 9 % der Frauen glauben, die mit einer Teilzeittätigkeit einhergehenden finanziellen Einbußen nicht hinnehmen zu können).

Abgesehen davon ist festzustellen, **daß mit höherer hierarchischer Stufe die sachlichen Gründe für die Ablehnung von Teilzeit zunehmen.** Andererseits muß man dennoch feststellen, daß nicht allein die hierarchische Position, sondern vielmehr das damit verbundene Einkommen bzw. der Verlust von Teilen des Einkommens für die Ablehnung oder den Wunsch nach Teilzeitarbeit eine größere Rolle spielt, als in den oben genannten Zahlen zum Ausdruck kommt. Denn **sowohl unter den Männern als auch ganz besonders unter den Frauen, die an ihrem**

Unternehmen beteiligt sind und/oder in einer familiären Beziehung zum Unternehmen stehen, wird der Teilzeitwunsch häufiger genannt und die Machbarkeit häufiger positiv eingeschätzt als von den „nur" angestellten Führungskräften.

Tabelle 80: Teilzeitwünsche und Machbarkeit von Teilzeit aus der Sicht beteiligter und nicht beteiligter Führungskräfte

	Männer		Frauen	
	beteiligt	nicht beteiligt	beteiligt	nicht beteiligt
Teilzeit erwünscht	32 %	29 %	42 %	38 %
Teilzeit machbar	24 %	19 %	36 %	30 %

Zwar halten 19 % der nicht beteiligten Männer und 30 % der nicht beteiligten Frauen Teilzeit für machbar, doch sind es gleichzeitig 19 % dieser Männer und 18 % dieser Frauen, die aufgrund der damit verbundenen Einkommenseinbußen Teilzeit ablehnen. Ein Blick auf die beteiligten Frauen zeigt, daß nicht eine einzige der beteiligten Frauen bei Teilzeit Einkommensminderungen fürchten muß, bei den Männern sind es immerhin – oder nur – 12 %.

Und tatsächlich sind drei von den sechs teilzeitarbeitenden Frauen – solche Männer gibt es nicht – an ihrem Unternehmen beteiligt oder stehen in einer familiären Beziehung zum Unternehmen! Sie sind in der ersten und zweiten Führungsebene tätig, arbeiten weniger als 40 Stunden in der Woche – und verdienen was? Eine verdient zwischen „81 und 100 TDM", die zweite zwischen „151 und 200 TDM" und die dritte „über 200 TDM" pro Jahr. Dagegen liegen die Einkommen der drei angestellten Frauen, die weniger als 40 Stunden pro Woche arbeiten und sich als Teilzeitbeschäftigte bezeichnen „unter 80 TDM" p.a. Oder anders ausgedrückt: **Nur wer Teile des Arbeitseinkommens, die durch Teilzeit verloren gehen, durch Gewinneinkünfte kompensieren kann, kann sich eine Teilzeittätigkeit leisten!**

Zu Hause arbeiten – eine Alternative zur Teilzeit?

Wie weiter oben schon festgestellt wurde, scheint die größere Disponierbarkeit über die Arbeitszeit die Vereinbarkeit von Karriere und Familie zu begünstigen; dies ist für die beteiligten und/oder mit dem Unternehmen familiär verbundenen Frauen feststellbar, obwohl diese Frauen längere Wochenarbeitszeiten angeben als die „nur"-angestellten Frauen. Wenn – wie dargestellt – insbesondere Frauen eine Reduzierung der Arbeitszeit in Richtung „Teilzeit" wünschen, stellt sich somit die Frage, ob nicht diesem Wunsch schon partiell damit entsprochen werden kann, daß mindestens ein Teil der Arbeit am häuslichen Schreibtisch erledigt werden kann.

Im Vergleich zu den Teilzeitwünschen stellt sich die Möglichkeit, diese durch zumindest partielle Arbeit zu Hause befriedigen zu können, als sehr gering dar. **Nur 13 % der Frauen und 10 % der Männer können während der regulären Arbeitszeiten in ihrem Unternehmen auch zu Hause arbeiten.**

Auch in den Antworten auf diese Frage dokumentieren sich die besseren Möglichkeiten der Vereinbarkeit von Karriere und Familie für diejenigen Frauen, die durch Beteiligung und/oder familiäre Beziehungen in einer besonderen Verbindung zu ihrem Unternehmen stehen: 31 % dieser Frauen können während der regulären Arbeitszeiten zu Hause arbeiten, nur 9 % der nicht beteiligten Frauen haben diese Möglichkeit. Bei den Männern verhält es sich ähnlich: 20 % der beteiligten Männer können in diesem Sinne über ihren Arbeitsort disponieren, nur 8 % der nicht beteiligten Männer haben diese Chance.

Begünstigt sind in dieser Hinsicht auch Frauen und Männer

- in Dienstleistungsunternehmen,
- im Bereich Werbung/PR/Kommunikation und
- in der Geschäftsleitung.

Außerdem bietet sich diese Möglichkeit eher in kleineren Unternehmen und – betriebsgrößenunabhängig – in der ersten Führungsebene.

Insgesamt muß man zu dem Schluß kommen, daß die Flexibilisierung nicht nur der Arbeitszeiten, sondern auch des Arbeitsortes bisher im Interesse der Führungskräfte noch nicht ausreichend genutzt wird

- in der Industrie und im Handel,
- in den Bereichen Marketing, Vertrieb/Verkauf, Personal, Finanzen/Rechnungswesen/Controlling,
- in den größeren Unternehmen und
- in der zweiten und dritten Führungsebene.

Dies gilt um so mehr, da besonders häufig *die* Führungskräfte, deren Gehälter variable Bestandteile enthalten, zu Hause arbeiten – obwohl unter ihnen die Ablehnung von Teilzeit größer ist als unter Führungskräften, die ausschließlich Fixgehälter beziehen!

1. Die Neigung zum Ausstieg aus einer Führungsposition hat sich seit 1991 nicht verändert.

Zusammenfassung

2. Männer stehen der Alternative der Selbständigkeit häufiger positiv gegenüber als Frauen, dennoch haben sich anteilsmäßig genauso viele Frauen wie Männer den Umstieg in die Selbständigkeit fest vorgenommen. Gleichzeitig hat sich unter den „Ausstiegsaspiranten" gegenüber 1991 der Anteil derjenigen verdoppelt, der mit der Selbständigkeit liebäugelt.

3. 39 % der Frauen und 29 % der Männer äußern den Wunsch nach Teilzeitbeschäftigung, aber nur 32 % der Frauen und 20 % der Männer sind der Auffassung, daß die Aufgaben, die sie selbst in ihrer Position erfüllen, von einer Teilzeitführungskraft erledigt werden könnten.

4. Der Wunsch und die positive Einschätzung der Realisierungschancen von Teilzeit nehmen mit höherer hierarchischer Führungsebene ab, bei den Männern auch mit höherem Einkommen, während Frauen eher einkommensunabhängig urteilen.

5. Unter den Aufgabenbereichen gibt es keine eindeutigen Favoriten für Teilzeitarbeit. Es werden immer auch die Anforderungen der jeweiligen Führungsebene und die Arbeitsbedingungen in der jeweiligen Branche zu berücksichtigen sein. Tendenziell erscheinen im Urteil der Führungskräfte untere Führungsebenen in Dienstleistungsunternehmen eher teilzeitgeeignet zu sein als höhere Führungsebenen in Handel und Industrie. Insgesamt scheint die Beurteilung der Realisierungsmöglichkeiten von Teilzeit – zumindest bei den Frauen – auch von den persönlichen Wünschen nach Teilzeit abhängig zu sein.

6. Insgesamt drei Viertel der Führungskräfte können sich nicht vorstellen, daß ihre Aufgaben von einer Teilzeitführungskraft erfüllt werden könnten, und zwei Drittel lehnen Teilzeit für sich ab. Vorrangig werden sachliche Gründe (in der Aufgabe und der Art der Tätigkeit liegend) für die Ablehnung angeführt, aber auch persönliche Gründe, wobei Männer am häufigsten finanzielle Gründe, Frauen am häufigsten ihr Engagement für den Beruf nennen. Sachliche Gründe und das persönliche Engagement gewinnen mit höherer Führungsebene an Gewicht.

7. Teilzeittätigkeit ist dann eher erwünscht und gleichzeitig realisierbar, wenn die durch Arbeitszeitreduzierung entfallenden Teile des Arbeitseinkommens durch Gewinneinkünfte kompensiert werden können, d.h. dann, wenn die Teilzeitführungskraft gleichzeitig mindestens Teil-Eigentümer des Unternehmens ist.

8. Keinesfalls ausgereizt erscheinen die Möglichkeiten der gleichzeitigen Flexibilisierung von Arbeitszeit und Arbeitsort. Auch hier haben die beteiligten bzw. in einer familiären Beziehung zum Unternehmen stehenden Frauen eine Vorbildfunktion: Sie arbeiten wesentlich häufiger als „reine" angestellte Führungskräfte zu Hause und gleichzeitig länger!

Ein beliebtes Vorurteil gegenüber dem Wunsch nach Teilzeitarbeit besteht darin, daß damit eine mangelnde Aufstiegsorientierung verbunden sei, woraus auf geringeres Engagement für die Aufgabe und das Unternehmen geschlossen wird. Ganz so einfach ist das nicht: Auch unter den aufstiegsorientierten Führungskräften gibt es nicht zu ignorierende Anteile an Männern und Frauen, die Teilzeit – oder vielleicht besser ausgedrückt: geringere Arbeitszeiten – wünschen und dies auch für machbar halten! Das macht folgende Übersicht deutlich.

Ausstieg ... ... oder doch weiter nach oben?

Tabelle 81: Teilzeitwunsch und Machbarkeit aus der Sicht von aufstiegsorientierten Führungskräften

	Männer	Frauen
Teilzeit erwünscht	20 %	33 %
Teilzeit machbar	17 %	29 %

Immerhin 20 % der an weiterem Aufstieg orientierten Männer und 33 % dieser Frauen wünschen sich Teilzeitarbeit! Das bedeutet, daß man einem Fünftel der aufstiegsorientierten Männer und einem Drittel dieser Frauen in Führungspositionen mit einer solchen Möglichkeit der Arbeitszeitgestaltung entgegenkommen würde, gleichzeitig deren Aufstiegsmotivation erhalten oder gar verbessern würde!

Deutet der vergleichsweise hohe Anteil an Frauen, der zwar Teilzeit wünscht, sich aber dennoch als aufstiegsorientiert einordnet, vielleicht auf einen allgemein geringeren Anteil an aufstiegsorientierten Frauen als Männern hin?

Das scheint in der Tat so zu sein.

Tabelle 82: Aufstiegsorientierung

	Männer			Frauen		
	1986	1991	1998	1986	1991	1998
ja	41 %	42 %	42 %	31 %	39 %	34 %
nein	57 %	40 %	44 %	67 %	37 %	47 %
unschlüssig	–*	18 %	14 %	–*	24 %	19 %

* 1986 nur „ja" und „nein" als Antwortmöglichkeiten vorgegeben.

Die Frage lautete: „Streben Sie weiteren beruflichen Aufstieg an?" Die zustimmenden Antworten der Männer bleiben seit 1986 auf etwa gleichem Niveau, während die Zustimmung der Frauen nach einem Anstieg im Jahr 1991 nunmehr wieder gesunken ist; gleichzeitig ist der Anteil der Frauen, der weiteren Aufstieg deutlich ablehnt, zwischen 1991 und 1998 stark gestiegen.

Auch der Blick in die Details zeigt, daß im Vergleich zu den Frauen die Aufstiegsneigung der Männer ungemindert ist:

- Mit höherer **hierarchischer Ebene** steigt der Anteil der aufstiegswilligen Männer an (von 25 % in der dritten Ebene über 39 % in der zweiten auf 52 % in der ersten Führungsebene), während der Anteil aufstiegswilliger Frauen in den obersten beiden erfaßten Führungsebenen mit jeweils 33 % geringer ist als auf der dritten Ebene, wo 40 % der Frauen Aufstiegsorientierung bekunden. Gleichzeitig wird von den Frauen in der ersten Ebene die deutlichste Ablehnung von weiterem Aufstieg erklärt: 57 % sagen kategorisch „nein", während in der zweiten und dritten Ebene sich nur 47 % bzw. 35 % so eindeutig äußern.

- Ein Blick auf die **Einkommensklassen** zeigt, daß die Aufstiegsorientierung der Frauen ebenfalls mit wachsendem Einkommen abnimmt: Von den Frauen, die „bis 80 TDM" p.a. verdienen, wollen immerhin knapp 40 % weiter nach oben; von denen, die ein Jahresgehalt von „über 200 TDM" haben, nur noch ein Drittel, wobei zwei Drittel weiteren Aufstieg für sich eindeutig ablehnen. „Nur" noch 45 % der Männer mit Jahresgehältern von „über 200 TDM" sagen eindeutig „ja" zum weiteren Aufstieg, während es im Bereich der Einkommen „bis 80 TDM" p.a. 50 % sind. Insgesamt ist festzustellen, daß in allen Einkommensklassen der Anteil aufstiegswilliger Männer deutlich höher ist als der der Frauen.

Diese beiden geschilderten Phänomene waren genauso schon 1991 zu beobachten.

Angesichts dieser Feststellungen fragt man sich: **Was veranlaßt Frauen auf dem Weg nach oben, ihre Aufstiegsneigung zurückzunehmen?** Anhand des Zahlenmaterials läßt sich folgendes beobachten:

- In der Einstiegsphase haben aufstiegsorientierte Frauen seltener (13 %) als nicht aufstiegsorientierte Frauen (23 %) Hindernisse überwinden müssen, die sich ihnen als Vorurteile gegenüber Frauen in den Weg stellten.

- In der Aufstiegsphase klagen aufstiegsorientierte Frauen häufiger (47 %) als nicht aufstiegsorientierte Frauen (34 %) über Vorurteile gegenüber Frauen.

- Aufstiegsorientierte Frauen haben häufiger als nicht aufstiegsorientierte Frauen persönliche Erfahrungen mit geschlechtsbedingter Diskriminierung und Mobbing gemacht; letzteres gilt im übrigen auch für aufstiegsorientierte Männer!

- Aufstiegsorientierte Frauen mußten seltener als nicht aufstiegsorientierte Frauen auf Förderung durch Vorgesetzte verzichten; außerdem haben aufstiegsorientierte Frauen häufiger als ihre nicht aufstiegsorientierten Kolleginnen Erfahrungen auch mit weiblichen Führungskräften sammeln können. In dieses Bild paßt, daß der Anteil aufstiegsorientierter Frauen mit zunehmendem Anteil an Frauen in Führungspositionen – wenn auch nur geringfügig – steigt. Anders ausgedrückt: Sowohl mangelnde Förderung durch Vorgesetzte als auch fehlende Erfahrung im Umgang mit weiblichen Führungskräften beeinträchtigen die Aufstiegsorientierung.

- Klassische Frauenfördermaßnahmen spielen für die Aufstiegsorientierung von Frauen offenbar keine Rolle. Dagegen werden Frauennetzwerke insbesondere von aufstiegsorientierten Frauen geschätzt.

- Wenn auch – wie 1991 – Partnerschaften kaum einen Einfluß auf die Aufstiegsneigung der Frauen haben, so beeinträchtigen Kinder – ebenfalls wie 1991 – diese eher. Von den aufstiegsorientierten Frauen sind 70 % kinderlos (1991: 75 %), während das nur auf 33 % (1991: 44 %) zutrifft, die ein klares „nein" zum Aufstieg sagen.

Dies kommt auch darin zum Ausdruck, daß keine einzige der aufstiegsorientierten Frauen Probleme mit der Familie als Hindernis beim Aufstieg nennt, wohl aber führen 5 % der nicht aufstiegsorientierten und 13 % der Frauen, die noch unschlüssig sind, ob sie weiteren Aufstieg anstreben sollen, solche Probleme an.

Ganz sicher wirkt sich bei Frauen wie bei Männern die Einstellung aus, die schon am Beginn des Berufslebens die Aufstiegsorientierung prägt, nämlich die mehr oder minder vorhandene Selbstverständlichkeit, mit der eine Führungsposition angestrebt wird. Insofern muß man ganz nüchtern feststellen, daß **für sehr viel mehr Männer als Frauen der Aufstieg und der Wille hierzu selbstverständlicher sind.**

Andererseits gibt es offenbar die Aufstiegsneigung der Frauen eher fördernde und eher hemmende externe Einflüsse. Anzunehmen ist, daß die Aufstiegsorientierung der Frauen begünstigt wird durch

- vermehrte Förderung durch Vorgesetzte,
- zunehmende Erfahrungen mit weiblichen Führungskräften und
- voranzutreibende Lösungen des „Kinderproblems".

Und was muß abgebaut werden? Ganz eindeutig die Vorurteile gegenüber Frauen und deren Auswirkungen in Form von geschlechtsbedingter Diskriminierung!

Andererseits ist anzumerken, daß offenkundig aufstiegsorientierte Frauen sich davon nicht so sehr beeinträchtigen lassen, wie man vermuten könnte: **Für 23 % der Frauen war die Übernahme einer Führungsposition schon am Anfang des Berufslebens selbstverständlich – und 26 % haben eine Position in der ersten Führungsebene erreicht! Damit sind sie im Vergleich zu den Männern relativ erfolgreicher: Für 44 % der Männer war die Führungsposition eine Selbstverständlichkeit, aber nur 33 % haben die erste Führungsebene erreicht – trotz ausgeprägterer Aufstiegsorientierung!**

Betrachtet man die Unternehmen, so ist festzustellen, daß die Anteile aufstiegswilliger Frauen und Männer am höchsten in Unternehmen mit mehr als tausend Beschäftigten sind, in denen auch die größeren Aufstiegschancen erwartet werden können.

Im Vergleich zu 1991 zeigt sich, daß auch 1998 der höchste Anteil aufstiegsorientierter Frauen im Marketing tätig ist, wo ebenfalls die Männer überdurchschnittlich häufig weiter nach oben wollen.

Mit der Aufstiegsneigung verbunden sind offenbar

- längere Wochenarbeitszeiten und
- größere geographische Mobilität.

Insbesondere aufstiegsorientierte Frauen geben deutlich längere Wochenarbeitszeiten an als ihre gar nicht oder wenig an weiterem Aufstieg interessierten Kolleginnen.

Ein Blick auf die Mobilität in der Vergangenheit zeigt, daß sich seit 1986 fast nichts geändert hat: Genauso viel Männer und genauso wenig Frauen haben im Interesse ihres beruflichen Fortkommens schon einmal oder mehrmals ihren Wohnort gewechselt.

Tabelle 83: Mobilität in der Vergangenheit

	Männer			Frauen		
	1986	1991	1998	1986	1991	1998
Wohnortwechsel						
– einmal	56 %*	22 %	25 %	30 %*	16 %	18 %
– mehrmals		36 %	27 %		13 %	13 %
* 1986 nicht getrennt erhoben						

Die tatsächliche Mobilität der Frauen bleibt nach wie vor weit hinter der der Männer zurück, wenngleich sich auch bei den Männern eine geringfügige Tendenz zur Verringerung der Mobilität andeutet.

Allerdings muß man auch feststellen, daß dieser auch in der Vergangenheit schon häufig geforderte „Erfolgsfaktor" nicht so notwendig und wirksam war, wie man angesichts heutiger Anforderungen vermuten möchte!

Tabelle 84: Mobilität in verschiedenen Führungsebenen

	Männer			Frauen		
	3. Ebene	2. Ebene	1. Ebene	3. Ebene	2. Ebene	1. Ebene
Wohnortwechsel						
– einmal	25 %	22 %	28 %	25 %	15 %	16 %
– mehrmals	25 %	28 %	27 %	20 %	11 %	17 %
– abgelehnt	12 %	3 %	2 %	10 %	3 %	5 %
– war nicht erforderlich	38 %	47 %	43 %	45 %	71 %	62 %

Bemerkenswert sind die hohen Anteile sowohl der Männer als auch der Frauen, die erklären, daß ein Wohnortwechsel bisher für ihre Karriere nicht erforderlich war!

Wer allerdings nicht nur die oberen Führungsebenen erreichen will, sondern auch höhere Einkommen, für den ist Mobilität von größerer Bedeutung: Die höchste „Umzugsrate" weisen mit 69 % die Männer auf, die mehr als DM 200.000 p.a. verdienen! Und auch von den Frauen, die mehr als DM 150.000 p.a. verdienen, sind 41 % schon einmal oder mehrmals im Interesse der Karriere umgezogen.

Insbesondere der angedeutete Zusammenhang von tatsächlicher Mobilität in der Vergangenheit und Einkommenshöhe läßt vermuten, daß die geringere Mobilität der Frauen einen objektiven Anhaltspunkt für ihre Einkommensnachteile liefert.

Werden Frauen in Zukunft mobiler sein? Auf die Frage nach der zukünftigen Bereitschaft zum Wohnortwechsel im Interesse des beruflichen Fortkommens antworteten die Führungskräfte wie folgt:

Tabelle 85: Mobilitätsbereitschaft

	Männer		Frauen	
	1991	1998	1991	1998
Wohnortwechsel				
– ja, Inland	27 %	22 %	20 %	19 %
– ja, auch Ausland	34 %	36 %	30 %	26 %
– unschlüssig	13 %	15 %	17 %	20 %
– nein	31 %	21 %	35 %	24 %

Ergebnis: Die Mobilitätsbereitschaft ist insgesamt 1998 kaum höher als 1991!

Dennoch wissen insbesondere die aufstiegsorientierten Führungskräfte, was von ihnen erwartet wird: 30 % dieser Männer und 27 % dieser Frauen erklären, weltweit mobil zu sein.

Allerdings hat auch unter den aufstiegsorientierten Führungskräften insgesamt die Mobilitätsbereitschaft eher abgenommen: 1991 erklärten noch 82 % dieser Männer ihre Bereitschaft zum uneingeschränkten Wohnortwechsel, 1998 sind es „nur" noch 74 %. Bei den aufstiegsorientierten Frauen ist kaum eine Veränderung festzustellen: 1991 geben 61 % dieser Gruppe an, im Interesse der Karriere bereit zu sein, den Wohnort zu wechseln, 1998 sind es mit 64 % kaum mehr.

1. Aufstiegsorientierung und Wunsch nach Reduzierung der Arbeitszeit müssen sich nicht gegenseitig ausschließen: Ein Fünftel der aufstiegsorientierten Männer und ein Drittel der aufstiegsorientierten Frauen wünschen sich Teilzeit.

2. Frauen streben genauso wie 1986 und 1991 auch 1998 deutlich seltener als Männer weiteren Aufstieg an.

3. Der Anteil aufstiegsorientierter Frauen nimmt mit höherer hierarchischer Ebene ab, der der Männer zu! Das gilt 1998 ebenso wie es schon 1991 und 1986 zu beobachten war.

4. Die geringere Aufstiegsorientierung der Frauen wird am Anfang der Karriere dadurch begründet, daß weniger Frauen als Männer es für selbstverständlich halten, überhaupt eine Führungsposition zu erreichen. Später sind es insbesondere die Vorurteile gegenüber Frauen, die demotivierend wirken.

5. Aufstiegsorientierte Führungskräfte geben längere Wochenarbeitszeiten an als nicht aufstiegsorientierte Führungskräfte.

6. Die 1986, 1991 und 1998 festgestellte in der Vergangenheit tatsächlich geringere geographische Mobilität der Frauen im Vergleich zu den Männern kann eine objektive Ursache ihres Einkommensnachteils sein.

7. Die ausgedrückte Mobilitätsbereitschaft ist insgesamt unter Frauen und Männern kaum verändert gegenüber 1991, wobei Frauen fast gleich häufig wie Männer ihre Bereitschaft zum Wohnortwechsel im Interesse der Karriere bekunden.

Zusammenfassung

5. Wenn Männer und Frauen zusammenarbeiten ...

Wie angesichts der bisherigen Frauenanteile in Führungspositionen (s. Anhang I) nicht anders zu erwarten ist, haben die meisten Führungskräfte (57 % der Frauen und 59 % der Männer) bisher ausschließlich mit männlichen Führungskräften zusammengearbeitet. Andererseits verfügen damit 43 % der Frauen und 40 % der Männer aber auch über Erfahrungen aus der Zusammenarbeit mit Führungskräften beiderlei Geschlechts. Eine große Ausnahme bilden hier zwei Männer, die bisher ausschließlich nur mit weiblichen Chefs zu tun hatten.

Erfahrungen ... mit männlichen und weiblichen Führungskräften

Bemerkenswert ist, daß zwei Drittel der Männer genauso gut mit Frauen als Vorgesetzte wie mit Männern zusammengearbeitet haben; nur eine Minderheit (19 %) fand die Zusammenarbeit mit einem weiblichen Chef schlechter, nur wenige (14 %) aber auch besser. Letzteres gilt auch für die Frauen, die allerdings ihre Geschlechtsgenossinnen – wenn sie ihnen vorgesetzt sind – doch etwas kritischer sehen, denn ein Viertel der Frauen meint, daß die Zusammenarbeit schlechter als mit Männern ist. Insbesondere Frauen in den höheren Führungsebenen und Frauen in Unternehmen mit besonders hohen Frauenanteilen in Führungspositionen haben überdurchschnittlich häufig negative Erfahrungen mit vorgesetzten Frauen gemacht – oder sind sie besonders kritisch? Andererseits stellen 60 % keine Unterschiede fest.

... mit weiblichen Vorgesetzten

Was kritisieren Frauen an Frauen? Was stört Männer an Frauen, wenn diese ihre Vorgesetzten sind?

Tabelle 86: Warum Männer und Frauen die Zusammenarbeit mit Frauen als Vorgesetzte schlechter finden (Rangfolge)

Männer	Frauen
• Konflikte, Spannungen • intrigant • zu emotional, unberechenbar • aggressiver • Rivalität, Konkurrenzdenken • Arroganz • mangelnde Kompromiß- und Diskussionsbereitschaft	• Rivalität, Konkurrenzdenken, „Stutenbissigkeit" • Neid, Eifersucht • intrigant • Unsicherheit, mangelnde Souveränität • zu schnell beleidigt • übertriebene Härte

- mangelnder Einsatz
- minderqualifiziert, fehlende Fachkenntnisse
- hemmt die Unternehmensentwicklung

- brachte persönliche Belange mit ein
- mangelnde Kritikfähigkeit
- mangelnde Diskussionsbereitschaft
- minderqualifiziert, fehlende Fachkenntnisse
- mangelnde Professionalität
- keine präzisen Anweisungen

... mit Frauen auf gleicher Ebene

Dagegen sehen Frauen ihre Kolleginnen auf gleicher Ebene eher positiv: 27 % meinen, daß die Zusammenarbeit mit einer gleichrangigen Frau besser ist als mit einem gleichrangigen Mann, nur 17 % finden sie schlechter; allerdings 56 % meinen, genauso gut mit einem gleichrangigen Mann arbeiten zu können. Das Urteil der Männer über die Zusammenarbeit mit einer gleichrangigen Frau unterscheidet sich nicht von dem über die Zusammenarbeit mit einer Frau als Vorgesetzter.

Was schätzen Männer und Frauen besonders an ihren Kolleginnen?

Tabelle 87: Warum Männer und Frauen die Zusammenarbeit mit Frauen auf gleicher Ebene besser finden (Rangfolge)

Männer	Frauen
- bessere Kommunikation (bessere Zuhörer, respektvoller, geduldiger, einfühlsamer) - zielorientierter (zielgerichteter, weniger Eigenprofilierung, objektiver) - bessere Kooperation - besseres Klima (angenehmes Klima, weniger technokratische Atmosphäre) - besondere Führungsqualitäten (fachliche Kompetenz, belastbarer, gute Planung, gute Zuordnung von Menschen und Aufgaben, bessere	- bessere Kommunikation (vertrauensvoller, verständnisvoller, einfühlsamer, direkt, ehrlich, mehr Erklärungen) - besser Kooperation (kooperative Suche nach Lösungen, kompromißbereiter, kollegialer Führungsstil, bessere Teamarbeit) - zielorientierter (zielgerichteter, weniger Machtstreben, weniger politisches Taktieren) - besondere persönliche Eigenschaften

Aufgabenumsetzung) • besondere persönliche Eigenschaften (ehrgeiziger, gewissenhafter)	(gewissenhafter, zuverlässiger, weniger oberflächlich, fair, gerecht) • besondere Führungsqualitäten (gute Planung, Delegations- fähigkeit, Mitarbeiter- förderung, Motivationsfähig- keit, Durchsetzungsvermögen)

Betrachtet man andererseits die negative Kritik, die an gleichrangigen Frauen geübt wird, so monieren Männer besonders häufig die Aggressivität und übertriebene Prinzipientreue, Frauen wiederum Rivalität, Neid, Eifersucht und „Stutenbissigkeit".

Die Zusammenarbeit mit Frauen als untergeordneten Führungskräften wird von Frauen eher besser beurteilt (27 %) als von Männern (21 %), die diese häufiger (16 %) als Frauen (5 %) schlechter einschätzen. Wenn Männer der Meinung sind, daß die Zusammenarbeit mit ihnen unterstellten weiblichen Führungskräften besser ist als mit untergeordneten Männern, begründen sie dies ebenfalls mit den oben genannten Eigenschaften und Verhaltensweisen von Frauen (Tabelle 87). Besonders häufig verweisen sie außerdem darauf, daß Frauen ehrgeiziger, gewissenhafter, engagierter und belastbarer sind als Männer. Insgesamt ist jedoch für diese Konstellation festzustellen, daß etwa zwei Drittel der Frauen und Männer die Zusammenarbeit mit einer Frau als untergeordneter Führungskraft genauso gut beurteilen wie die Zusammenarbeit mit einem untergeordneten Mann.

... mit Frauen als untergeordneten Führungskräften

Resümierend ist festzustellen, daß die meisten Männer und Frauen die Zusammenarbeit mit einer Frau – egal, ob sie vorgesetzt, gleichrangig oder untergeordnet ist – für genauso gut halten wie die Zusammenarbeit mit einem Mann.

Zusammenfassung

Dennoch meinen insgesamt 18 % der Männer und 16 % der Frauen, die sowohl mit weiblichen als auch mit männlichen Führungskräften Erfahrungen gesammelt haben, daß die Zusammenarbeit mit Frauen in Führungspositionen schlechter ist als mit Männern. Am häufigsten sind es die Frauen, die gegenüber Frauen als Vorgesetzte kritisch sind, während sie andererseits Frauen als gleichrangige Kolleginnen besonders schätzen. Insgesamt 23 % der Frauen empfinden die Zusammenarbeit mit Frauen besser als mit Männern, während das nur 17 % der Männer meinen. Besonders die Frauen, die sich durch Kapitalbeteiligung und/oder familiäre Beziehungen zum Unternehmen in einer privilegierten Situation befinden, betonen häufiger als „nur"-angestellte Frauen die bessere Zusammenarbeit mit Frauen. Sie heben gleichermaßen deren Zielgerichtetheit und Einfühlsamkeit hervor. Auch dieses Ergebnis deutet darauf hin, daß die mehr oder minder ausgeprägten Konkurrenzbeziehungen unter Frauen ganz maßgeblich die Qualität der Zusammenarbeit von Frauen bestimmt.

Etwa gleich viel Männer stehen aufgrund ihrer Erfahrungen der Zusammenarbeit mit weiblichen Führungskräften positiv und ablehnend gegenüber. Man könnte also behaupten, daß per Saldo die Welt in Ordnung ist – wenn da nicht die Vorurteile gegenüber Frauen und die Einkommensnachteile der Frauen wären. Letztere lassen sich, wie hiermit deutlich wurde, keinesfalls aus tatsächlicher oder begründeter Geringschätzung der Frauen als Führungskräfte begründen!

6. Männer und Frauen in Führungspositionen und ihre Mitarbeiter

Männer beklagen sich sehr viel häufiger als Frauen über ihre mangelhafte Ausstattung mit Mitarbeitern. Doch im Vergleich zu den Frauen haben sie wahrlich keinen Grund dazu, wie folgende Übersicht über die ihnen direkt unterstellten Mitarbeiter zeigt.

Ausstattung mit Mitarbeitern

Tabelle 88: Ausstattung mit Mitarbeitern

	Männer		Frauen	
keine Mitarbeiter/ keine Angaben	3 %		10 %	
bis 5 Mitarbeiter	22 %	49 %	37 %	72 %
6 bis 10 Mitarbeiter	24 %		25 %	
11 bis 20 Mitarbeiter	19 %		12 %	
21 bis 50 Mitarbeiter	15 %	51 %	12 %	28 %
über 50 Mitarbeiter	17 %		4 %	

Etwa die Hälfte der Männer verfügt über mehr als zehn Mitarbeiter, die andere Hälfte über weniger als zehn Mitarbeiter. Damit aber müssen sich fast drei Viertel der Frauen begnügen!

Die im Verhältnis zu den Männern mangelhafte Ausstattung der Frauen mit Mitarbeitern wurde auch 1991 bereits festgestellt.

Um einen aussagekräftigen Vergleich herzustellen, sei die Anzahl der Mitarbeiter auf jeweils gleicher hierarchischer Ebene betrachtet.

Tabelle 88 a: Ausstattung mit Mitarbeitern in der 2. Führungsebene

	Männer		Frauen	
	1991	1998	1991	1998
bis 10 Mitarbeiter	39 %	54 %	65 %	76 %
über 10 Mitarbeiter	61 %	46 %	35 %	24 %

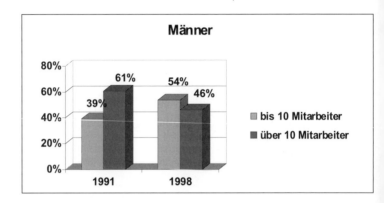

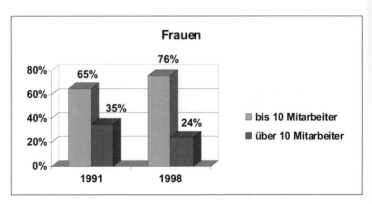

Obwohl Frauen in der zweiten Führungsebene bereits 1991 über wesentlich weniger Mitarbeiter verfügten als Männer in derselben hierarchischen Position, mußten sie bis 1998 noch weitere Reduzierungen in Kauf nehmen.

Tabelle 88 b: Ausstattung mit Mitarbeitern in der 1. Führungsebene

	Männer		Frauen	
	1991	1998	1991	1998
bis 10 Mitarbeiter	27 %	41 %	29 %	57 %
über 10 Mitarbeiter	73 %	59 %	71 %	43 %

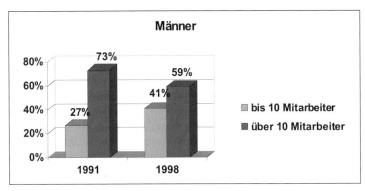

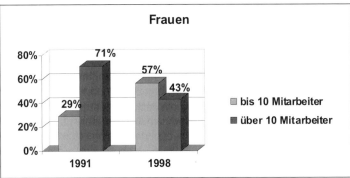

Die Situation in der ersten Führungsebene dagegen war 1991 dadurch gekennzeichnet, daß Frauen genauso gut ausgestattet waren wie Männer. Das hat sich bis zum Jahre 1998 grundlegend geändert: Nun verfügen mehr als die Hälfte der Frauen über maximal 10 Mitarbeiter, aber mehr als die Hälfte der Männer über mehr als 10 Mitarbeiter.

Allerdings muß dabei berücksichtigt werden, daß mehr Frauen (41 %) als Männer (30 %) in der ersten Führungsebene als Beteiligte und/oder Mitglied der Eigentümerfamilie in dieser Hinsicht verhältnismäßig größere Entscheidungsspielräume haben. Daher sollte man weniger die schlechte Mitarbeiterausstattung der Frauen in der ersten Führungsebene beklagen, sondern die immer noch zu hohe Anzahl der Mitarbeiter, mit denen sich Männer in derselben hierarchischen Position umgeben.

Der in der Vergangenheit propagierte, teils beschworene große Unterschied im Führungsverhalten von Männern und Frauen konnte bisher nicht durch empirische Untersuchungen nachgewiesen werden.

Führungsverhalten – heute

Grundsätzlich führen Männer und Frauen kooperativ und verhalten sich – wenn es denn sein muß – auch autoritär. **Das gilt 1998 ebenso wie 1991.** Selbst die geringen Andeutungen in der Studie von 1991, daß Frauen eine etwas ausgeprägtere Neigung zur Teamorientierung, Männer zur Zielorientierung haben, sind 1998 nicht zu entdecken.

Tabelle 89: Selbstbeschreibung des Führungsverhaltens

	Männer	Frauen
grundsätzlich kooperativ	86 %	86 %
situationsabhängig autoritär (hart, streng-konfrontierend, eher handeln als reden etc).	25 %	33 %
mitarbeiterorientiert (motivierend, unterstützend, aufstiegsfördernd, einbindend, anleitend, soziale Verantwortung übernehmen etc.)	8 %	7 %
teamorientiert und richtungsweisend (… mit Alleinentscheidung, einfühlsam aber konsequent, Primus inter pares etc.)	2 %	3 %
zielorientiert, aufgabenorientiert	3 %	2 %

Auffällig ist, daß Frauen etwas häufiger als Männer ihr zuweilen auch autoritäres Verhalten benennen. Ein Blick in die Details zeigt, daß Frauen

– in den höheren hierarchischen Positionen,
– in Unternehmen mit höheren Frauenanteilen in Führungspositionen und
– mit höherer Anzahl weiblicher Mitarbeiter (mehr als 10)

sich häufiger autoritär verhalten als Männer. Diese Selbstbeobachtung ist durchaus stimmig, betonen sie doch auch, anders als Männer, ihr Durchsetzungsvermögen als wesentlichen Erfolgsfaktor.

Unabhängig von einer geschlechtsspezifischen Ausprägung ist festzustellen, daß Führungskräfte in höherer hierarchischer Position häufiger zu situationsabhängig autoritärem Verhalten neigen.

Tabelle 89 a: Selbstbeschreibung des Führungsverhaltens in den verschiedenen Führungsebenen

	3. Ebene	2. Ebene	1. Ebene
Männer			
– grundsätzlich kooperativ	88 %	81 %	85 %
– situationsabhängig autoritär	0 %	23 %	28 %
Frauen			
– grundsätzlich kooperativ	95 %	80 %	79 %
– situationsabhängig autoritär	20 %	29 %	36 %

Bemerkenswert ist die unterschiedlich häufige Benennung autoritären Führungsverhaltens von Frauen und Männern in Unternehmen mit niedrigen bis 5 %) und hohen (6 % und mehr) Frauenanteilen in Führungspositionen.

Tabelle 89 b: Selbstbeschreibung des Führungsverhaltens in Unternehmen mit geringen und hohen Frauenanteilen in Führungspositionen

	Frauenanteil in Führungspositionen	
	bis 5 %	6 % und mehr
Männer		
– grundsätzlich kooperativ	83 %	86 %
– situationsabhängig autoritär	28 %	16 %
Frauen		
– grundsätzlich kooperativ	83 %	78 %
– situationsabhängig autoritär	31 %	31 %

Sollten hier Frauen etwas gelernt und Männer etwas verlernt haben?

Offenbar geschlechtsunabhängig ist die häufige Neigung zu autoritärem Verhalten unter den Führungskräften, die an ihrem Unternehmen beteiligt sind und/oder in einer familiären Beziehung zum Unternehmen stehen. Die Ergebnisse deuten darauf hin, daß **mit der Übernahme von mehr Verantwortung die Neigung zu autoritärem Verhalten wächst.**

Möglicherweise hängt die etwas häufigere Neigung der Frauen zu situationsbedingt autoritärem Verhalten damit zusammen, daß sie auch etwas häufiger als Männer glauben, über Macht zu verfügen. Auf die Frage, ob man glaube, durch die Position Macht zu haben, antworteten die Männer und Frauen wie folgt:

Tabelle 90: Macht durch die Position

	Männer		Frauen	
	1991	1998	1991	1998
ja, viel	44 %	41 %	49 %	44 %
eher wenig	50 %	44 %	40 %	46 %
keine	6 %	13 %	11 %	7 %

Im Vergleich zu 1991 haben sich keine sensationellen Veränderungen ergeben; erwähnenswert erscheint jedoch, daß Männer möglicherweise eher einen Machtverlust empfinden, während das Bild bei den Frauen uneinheitlich ist.

Wo sind die „mächtigen" Frauen und Männer? Da, wo viel verdient wird, und da, wo man durch variable Gehaltsbestandteile diesen Verdienst beeinflussen kann; außerdem – und damit verbunden – in den höheren hierarchischen Ebenen. Betrachtet man die Aufgabenbereiche, so finden sich machtbewußte Männer und Frauen am häufigsten im Personalbereich*; nur 6 % der Frauen und 4 % der Männer dort glauben, gar keine Macht zu haben. Damit halten sie sich für noch mächtiger als die Männer und Frauen in der Geschäftsleitung, von denen allerdings die Mehrzahl doch der Auffassung ist, viel Macht durch die Position zu haben (50 % der Männer und 66 % der Frauen), was allerdings auch 43 % der weiblichen und 44 % der männlichen Führungskräfte im Personalbereich von sich behaupten. Eher weniger Macht glauben Führungskräfte im Marketing und im Bereich Werbung/PR/Kommunikation zu haben, die sich – und das paßt ins Bild – vergleichsweise häufig über den Zwang zum Kompromiß in ihrer Position beklagen.

Erwähnenswert ist noch, daß das Machtbewußtsein unter den beteiligten Führungskräften besonders ausgeprägt ist, was insbesondere für die Frauen gilt, weniger für die Männer.

---

* An dieser Stelle sei nur als Fußnote vermerkt, daß im Personalbereich auch die meisten zufriedenen Männer und Frauen zu finden sind! (Vgl. Tabelle 66)

Auf die offene Frage danach, mit welchen Merkmalen das Führungsverhalten zu kennzeichnen ist, das in Zukunft an Bedeutung gewinnen wird, bieten die Antworten ein breites Spektrum, sozusagen von a – wie autoritär – bis z – wie zielgerichtet.

Führungsverhalten – in Zukunft

Tabelle 91: Merkmale zukünftigen Führungsverhaltens

	Männer	Frauen
Kooperation/kooperatives Verhalten (Wir-Gefühl, antiautoritär, partnerschaftlich, partizipativ, Einbeziehung der Mitarbeiter usw.)	42 %	31 %
Teamorientierung (Teamgeist, Teamfähigkeit, Teammoderation, Teamcoaching usw.)	33 %	31 %
Unternehmerische Fähigkeiten (zielgerichtet, durchsetzungsfähig, Entscheidungsstärke und –freude, Risikobereitschaft usw.)	29 %	15 %
Kommunikative Fähigkeiten (zuhören können, moderierend, konfliktlösungsorientiert, kompromißbereit, diskussionsbereit und –fähig, transparente Entscheidungen, guter Informationsfluß, erklären, überzeugen usw.)	23 %	20 %
Persönlichkeit (souverän, empathisch, tolerant, ehrlich, aufrichtig, wahrhaftig, fair, gerecht, integer, korrekt, geradlinig, einschätzbar, belastbar, dynamisch, aktiv usw.)	18 %	18 %
Mitarbeiterorientierung (menschlich-persönlich, Achtung der Mitarbeiter, Vertrauen zu Mitarbeitern, Coaching, unterstützend, helfend, fördernd, motivierend usw.)	18 %	20 %
Verantwortung übernehmen und delegieren (soziale Verantwortung, Eigenverantwortung stärken, größere Selbständigkeit anregen, Freiräume für Mitarbeiter schaffen usw.)	12 %	16 %

	Männer	Frauen
Wissen und Kenntnisse erweitern (fachliche Qualifikation, Markt- und Produktkenntnisse, Weiterbildung, Fremdsprachen usw.)	10 %	15 %
Veränderungsfähigkeit (Innovationsfähigkeit und -freude, Beweglichkeit, Offenheit für Veränderungen und für neue Technologien usw.)	11 %	11 %
Leistungsorientierung (Engagement, Leistungsanreize, erfolgsorientierte Vergütung, Erfolgsbeteiligung aller Mitarbeiter, Mitarbeiter als Unternehmer usw.)	7 %	7 %
Organisationsveränderung (flache Hierarchien, Auflösung von Hierarchien, Entkrustung, Synergieeffekte umsetzen, Projektmanagement, klare Entscheidungsebenen schaffen usw.)	3 %	3 %
kreativitäts- und ideenförderndes Verhalten	4 %	6 %
Gewinn-, Kosten- und Effizienzorientierung	3 %	2 %
markt- und kundenorientierte Führung	3 %	0 %
autoritäre und kontrollbetonte Führung	2 %	5 %
global und europaorientierte Führung	2 %	2 %
generalistisch orientierte Führung	1 %	2 %

Die Übersicht zeigt, daß Männer und Frauen stark übereinstimmende Vorstellungen davon haben, wie das Führungsverhalten in Zukunft auszurichten sei: kooperativ, teamorientiert, kommunikativ, mitarbeiterorientiert, verantwortlich, wofür bestimmte Persönlichkeitsmerkmale – wie Integrität, Toleranz, Aufrichtigkeit usw. – erforderlich sind.

Im Hinblick auf den Umgang mit Mitarbeitern ist man sich also einig.

In anderer Hinsicht allerdings ist ein erheblicher Unterschied auszumachen. **Typische sogenannte „unternehmerische Fähigkeiten" wie Entscheidungsstärke, Entscheidungsfreude und Risikobereitschaft nennen Frauen nur halb so häufig wie Männer im Katalog der zukünftigen Anforderungen an das Führungsverhalten.** Damit stimmt überein, daß sie auch der Vorstellung vom Intrapreneur, der angestellten Führungskraft als „Unternehmer im Unternehmen" weniger positiv gegenüberstehen als die Männer.

Tabelle 92: Vorstellung vom „Unternehmer im Unternehmen" ist realistisch ...

	Männer	Frauen
ja, ohne Einschränkung	48 %	36 %
nur mit Veränderung der Organisationsstrukturen	28 %	30 %
nur nach entsprechender Schulung der Führungskräfte	25 %	30 %
nur mit Veränderung des Vergütungssystems	18 %	23 %
nur mit einer personell anders besetzten Unternehmensleitung	14 %	18 %
nein	3 %	4 %

Nach Auffassung knapp eines Drittels der Frauen und kaum weniger der Männer sind zur Umsetzung des gedanklichen Modells des internen Unternehmers sowohl die Organisationsstrukturen entsprechend zu ändern als auch die Führungskräfte zu schulen. Schließlich müßte auch das Vergütungssystem angepaßt werden. Außerdem ist aus der Sicht von 18 % der Frauen und 14 % der Männer dafür ein personeller Wechsel an der Führungsspitze des Unternehmens erforderlich. Insgesamt ist nicht nur die Zustimmung unter den Frauen zu diesem Führungsmodell geringer als unter den Männern, sie äußern auch häufiger Vorbehalte, die zunächst einmal aus dem Weg geräumt werden müßten.

Bedenkt man andererseits, daß nur 3 % der Männer und 4 % der Frauen das Modell des internen Unternehmers kategorisch ablehnen, kann man wohl ohne Übertreibung behaupten, daß Führung sich in Zukunft mehr in diese Richtung entwickeln sollte.

Das bedeutet aber auch, daß selbst in einer arbeitsteilig organisierten Führung der Markt und die Kunden stärker das Führungsverhalten und die Entscheidungen bestimmen müssen.

Es muß geradezu etwas beunruhigen, daß keine einzige Frau und nur ein verschwindend geringer Anteil der Männer mit Blick in die Zukunft der Führung auf den Markt und die Kunden verwiesen haben. Natürlich kann man sagen, daß schließlich kooperative, team- und mitarbeiterorientierte Führung usw. nichts anderem diene, als das Unternehmen auf Markt und Kunden auszurichten. Nur, wie präsent ist der Kunde, wenn man sich intensiv um den Mitarbeiter kümmert?

Die Antworten auf die Frage nach den zukünftigen Führungsanforderungen rufen die Erinnerung an die Ergebnisse einer Untersuchung wach, die Anfang der 90er Jahre unter der Leitung von Rosabeth Moss Kanter von der Harvard Business School durchgeführt wurde. Eines der Ergebnisse der Befragung von fast 12.000 Führungskräften weltweit war, daß deutsche Führungskräfte sich in erster Linie auf die Qualifikation der Mitarbeiter, Problemlösungsfähigkeiten und Managementskills konzentrieren, während für US-amerikanische Führungskräfte die Kundenbeziehungen von überragender Bedeutung sind, gefolgt von Produktqualität und Technologie (vgl. Rosabeth Moss Kanter, Bis zum Horizont und weiter – Management in neuen Dimensionen, München/Wien 1998, S. 223).

Wenn kooperative, team- und mitarbeiterorientierte Führung erfolgreich im Sinne von Erfolg am Markt sein soll, dann müssen auch entsprechende Informationen über den Markt zum Mitarbeiter und in die Teams gebracht werden. Es ist schließlich nicht nur von Bedeutung, daß kommuniziert wird, sondern auch, was kommuniziert wird. Nach der eben zitierten Studie von Rosabeth Moss Kanter definieren sich deutsche Führungskräfte in erster Linie über das Niveau der Bezahlung und ihren Zugang zu Informationen. Rosabeth Moss Kanter kommentiert das so: „Wenn die Teamarbeit der Beschäftigten nicht mit besserem Wissen über das gesamte Unternehmen ... verbunden wird, ... wie kann das Team da helfen, Probleme zu lösen oder die Leistung zu verbessern ...? ... und wenn das strategische Wissen der Manager nicht mit Kooperation verbunden wird, wie gut kann das Unternehmen dann eine funktionsübergreifende Integration oder andere Synergieformen entwickeln?" (Rosabeth Moss Kanter, a. a. O., S. 222)

Wer sich Kooperation und Teamorientierung auf die Fahnen schreibt, der sollte sich genauso für markt- und kundenorientierte Führung einsetzen, um Mitarbeiter und Teams i. S. des Unternehmenserfolgs am Markt zu führen.

Zusammenfassung

1. Die Ausstattung mit Mitarbeitern hat sich seit 1991 insgesamt deutlich verringert. Da Frauen schon 1991 über wesentlich weniger Mitarbeiter – auch in derselben hierarchischen Position wie Männer – verfügten, hat sich ihre Ausstattung relativ noch mehr verschlechtert.

2. Männer und Frauen führen grundsätzlich kooperativ und verhalten sich autoritär, wenn es die Situation erfordert. Daran hat sich gegenüber 1991 nichts geändert. Die geringfügigen Hinweise in der Studie von 1991 auf einen marginalen Unterschied im Führungsverhalten zwischen Männern und Frauen haben sich so 1998 nicht wiedergefunden: Die 1991 noch erkennbare Bevorzugung eines eher teamorientierten Verhaltens durch Frauen und eher zielorientierten Verhaltens durch Männer ist 1998 nicht zu erkennen. Wenn sich überhaupt ein Unterschied andeutet, dann der, daß Frauen sich etwas häufiger als Männer autoritär verhalten.

3. Das zukünftig an Bedeutung gewinnende Führungsverhalten wird von Männern und Frauen im wesentlichen übereinstimmend als kooperativ, teamorientiert, kommunikativ und verantwortlich beschrieben, wofür besondere Anforderungen der Integrität, Empathie und Aufrichtigkeit usw. an die Persönlichkeit zu stellen sind. Dagegen spielen Markt und Kunden bei der Ausrichtung des Führungsverhaltens keine unmittelbare Rolle.

4. Im Unterschied zu den Frauen sehen Männer in der Zukunft sehr viel häufiger Anforderungen an die unternehmerischen Fähigkeiten auf Führungskräfte zukommen. Männer befürworten auch deutlich häufiger das Modell des „Unternehmers im Unternehmen" als zukünftiges Führungsmodell, dem Frauen seltener uneingeschränkt positiv gegenüberstehen, dafür aber sehr viel öfter Vorbehalte entgegenbringen.

7. Zusammenfassung, Hypothesen und Folgerungen

Genauso wie 1986 und 1991 sind die meisten Männer und Frauen in Führungspositionen in der Industrie tätig, allerdings mit abnehmenden Anteilen. Entsprechend den allgemeinen strukturellen Veränderungen sind mehr Führungskräfte denn je (mehr als ein Drittel) in Dienstleistungsunternehmen beschäftigt (überdurchschnittlich hoch ist der Anteil unter den Frauen mit 39 %).

Branche

Wie schon 1986 und 1991 festgestellt, sind auch 1998 Frauen häufiger als Männer in Unternehmen mit geringeren Umsätzen (< 75 Mio. DM p.a. bzw. 1986 und 1991 < 100 Mio. DM p.a.) und niedrigerer Anzahl an Beschäftigten (< 1.000) in Führungspositionen zu finden.

Unternehmensgröße

1986 gab es zwei „Frauendomänen": die Bereiche Finanzen/Rechnungswesen/Controlling und Personal. Das waren zwar auch 1991 die am häufigsten von Frauen geführten Bereiche, doch gab es inzwischen wesentlich mehr Frauen als 1986 in den außenorientierten Aufgabenbereichen Vertrieb/Verkauf, Werbung/PR/Kommunikation und Marketing. 1998 ist immer noch der Bereich Finanzen/Rechnungswesen/Controlling der von Frauen am häufigsten besetzte Bereich, allerdings schon dicht gefolgt von der Geschäftsleitung, der sich immerhin ein Viertel der Frauen zurechnet (der höchste Anteil seit 1986). In der Geschäftsleitung sind auch fast ein Drittel der Männer tätig. Daneben dominiert der Bereich Vertrieb/Verkauf.

Aufgabenbereiche

Anzumerken ist, daß gleichzeitig ein Viertel der Frauen sich der ersten Führungsebene zurechnet, wovon allerdings nur knapp die Hälfte „reine" Angestellte sind, die andere Hälfte ist durch kapitalmäßige und/oder familiäre Beziehungen in die Position gekommen. Unter den Männern der ersten Führungsebene sind dagegen fast drei Viertel „reine" Angestellte.

Die 1991 festgestellte deutliche Verkürzung der Arbeitszeit gegenüber 1986 hat sich so nicht fortgesetzt.

Arbeitszeit

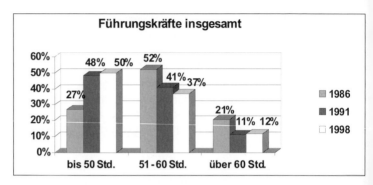

Trotz der in den letzten 10 Jahren deutlich reduzierten Arbeitszeiten wünschen sich ca. ein Drittel der Führungskräfte eine weitere Arbeitszeitverkürzung: Sie wollen „Teilzeit" arbeiten – was auch immer das, ausgedrückt in Stunden pro Woche, bedeuten mag. Allerdings wird die Realisierung dieses Wunsches eher zurückhaltend beurteilt.

Insbesondere die Männer und Frauen, die an ihrem Unternehmen beteiligt sind oder zur Eigentümerfamilie gehören, wünschen sich eine Reduzierung Richtung „Teilzeit" und halten dies auch häufiger für realisierbar als die „reinen" angestellten Führungskräfte.

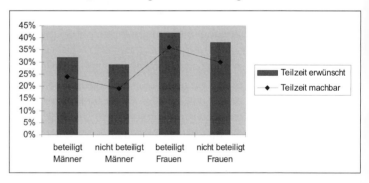

Bestätigt hat sich 1998 der Unterschied zwischen Männern und Frauen, der auch schon 1986 und 1991 zu beobachten war: Frauen geben deutlich geringere wöchentliche Arbeitszeiten als Männer an! Wenn dieser Unterschied nicht völlig das Ergebnis männlicher Übertreibung ist, dann sind Frauen im Unternehmen weniger präsent als Männer, somit weniger in formelle und informelle Kommunikationsnetze eingebunden, was seinen Preis hat – womöglich in Einkommensnachteilen!

Zusammenfassung, Hypothesen und Folgerungen

Ein Blick in die Zahlen zeigt, daß mit steigendem Einkommen sich die wöchentlichen Arbeitszeiten verlängern, was sowohl für Frauen als auch für Männer gilt. Die Frage, die sich hier stellt, ist allerdings nicht beantwortbar: Steigt das Einkommen aufgrund längerer wöchentlicher Arbeitszeit oder wächst der Anspruch an das zeitliche Engagement mit höherem Einkommen?

Einkommen

Ein Blick auf die Brutto-Jahresgehälter zeigt, daß der bereits 1986 festgestellte wesentliche Einkommensunterschied zwischen Männern und Frauen nach wie vor existiert.

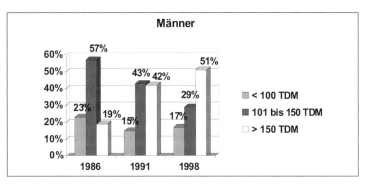

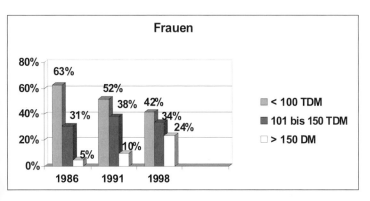

Dabei bestehen in Abhängigkeit von der **Branche** Unterschiede: Während im Handel der Einkommensnachteil der Frauen – im wesentlichen zurückzuführen auf die Stagnation der Einkommen der Männer – seit 1986 fast verschwunden ist, haben sich die Differenzen in der Industrie und im Dienstleistungssektor lediglich verringert, wobei die Einkommensposition der Frauen in Dienstleistungsunternehmen im

Branchenvergleich besonders unerfreulich ist. Zwar wachsen auch für die Männer die Bäume hier nicht mehr in den Himmel, denn sie könnten in der Industrie mehr verdienen, aber dennoch liegen ihre Einkommen deutlich häufiger über denen der Frauen.

Allgemein bekannt ist, daß in **kleineren Unternehmen** die Gehälter niedriger sind. Weniger bekannt ist, daß die Gehälter der Frauen in diesen Unternehmen – auch in derselben Führungsebene – erheblich niedriger sind als die der Männer.

Einkommen und Position in Unternehmen mit einem Umsatz bis 75 Mio. DM p.a. (1986 und 1991 bis 100 Mio. DM p.a.)

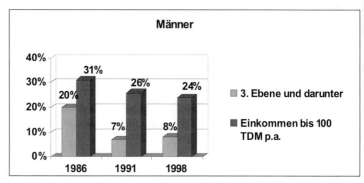

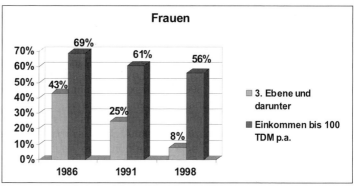

Der Vergleich der Jahre 1998 und 1986 zeigt, daß der Einkommensnachteil der Frauen in den nach Umsatz kleineren Unternehmen 1998 gewissermaßen einen Höhepunkt erreicht hat: Anteilsmäßig siebenmal soviel Frauen wie in der dritten Ebene und darunter beschäftigt sind verdienen weniger als DM 100.000 p.a., während es nur dreimal soviel Männer in der dritten Ebene und darunter sind. Das heißt, daß erheblich mehr Frauen als Männer der zweiten Ebene in den kleineren Betrieben weniger als DM 100.000 p.a. nach Hause tragen. So schlecht war diese Relation vorher nicht.

Schafft Größe mehr Einkommensgleichheit?

Diese Vermutung könnte man haben, da in größeren Unternehmen häufiger formalisierte Gehaltssysteme existieren.

Einkommen und Position in Unternehmen mit einem Umsatz von über 75 Mio. DM p.a. (1986 und 1991: über 100 Mio. DM p.a.)

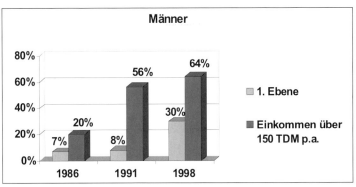

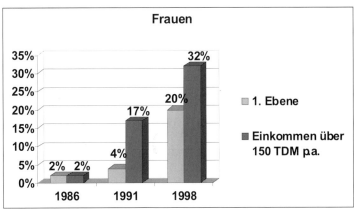

Beispielhaft seien hier die höheren Einkommen sowie die erste Führungsebene betrachtet. Grundsätzlich ist festzustellen, daß in allen betrachteten Jahren (außer im Jahr 1986 bei den Frauen) anteilsmäßig mehr Männer und Frauen über DM 150.000 p.a. verdienen als die erste Führungsebene erreicht haben. Vergleicht man die Anteilswerte der Männer und Frauen, so sieht man, daß vermutlich verhältnismäßig sehr viel mehr Männer als Frauen auch aus der zweiten Führungsebene mehr als DM 150.000 p.a. verdienen.

Zusammenfassend läßt sich feststellen, daß in allen Unternehmensgrößenklassen die Einkommensposition der Männer besser ist als die der Frauen.

Auf der Suche nach **Aufgabenbereichen**, die Frauen ein ebenso hohes Einkommen wie den Männer versprechen, erscheint es einerseits naheliegend, die besonders von Frauen traditionell stark besetzten Bereiche anzusehen, andererseits genauso plausibel, die von Frauen weniger häufig geführten Bereiche zu betrachten, da hier möglicherweise das Einkommensniveau durch die tendenziell niedrigeren „Fraueneinkommen" noch nicht gedrückt ist.

Betrachten wir zunächst die „Frauendomäne" Finanzen/Rechnungswesen/Controlling. Selbst auf gleicher hierarchischer Ebene (zweite Führungsebene, vgl. Tabelle 44) ist der Einkommensunterschied deutlich erkennbar. Allerdings ist er nicht so krass wie beispielsweise in der zweiten Führungsebene des Marketingbereichs, ein Bereich, in dem die männlichen Spitzenverdiener angesiedelt sind (vgl. Tabelle 43).

Der von Männern am häufigsten genannte Aufgabenbereich ist die Geschäftsleitung (30 %), der sich auch 25 % der Frauen zuordnen.

Einkommen in der Geschäftsleitung

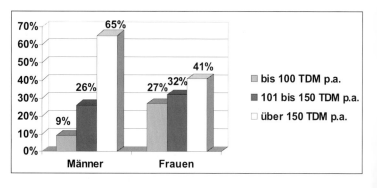

Kein Kommentar!

Zusammenfassung, Hypothesen und Folgerungen

Eine beliebte Hypothese ist, daß sich die Situation der Frauen verbessere, wenn mehr Frauen in Führungspositionen gelangt seien. Zumindest für die Einkommenssituation kann das nicht beobachtet werden. Vielmehr deuten die Zahlen eher darauf hin, daß das durchweg niedrigere Einkommensniveau der Frauen in **Unternehmen mit höheren Frauenanteilen in Führungspositionen** das Gesamtniveau der Einkommen im Führungskräftebereich nach unten drückt, das heißt, daß davon auch die Männer betroffen sind.

Sucht man nach objektiven oder objektivierbaren Anhaltspunkten für die Einkommensunterschiede zuungunsten der Frauen in dieser Untersuchung, bleibt nur hinzuweisen auf die geringere Präsenz der Frauen in den Unternehmen und ihre tatsächlich geringere geographische Mobilität, die – trotz hoher bekundeter Mobilitätsbereitschaft – in der Vergangenheit nicht die der Männer erreicht hat.

Inzwischen ist den Frauen der Einkommensnachteil, den sie hinnehmen, bewußt geworden. Immerhin rangiert die Klage über nicht leistungsgerechte Gehälter auf Platz 2 der Gründe für Unzufriedenheit mit der Arbeitssituation und wird deutlich häufiger als 1991 genannt.

Dennoch gibt es auch schwache Signale, die zu einem gewissen Optimismus verführen.

Dazu gehört die bereits genannte Angleichung der Einkommen von Männern und Frauen im Handel. Darüber hinaus sind es *die* Frauen, die mehr als andere ihr Einkommen selbst beeinflussen können, deren Situation sich deutlich verbessert hat. Dabei handelt es sich erstens um die Frauen, die durch eine Kapitalbeteiligung und/oder familiäre Beziehung in einem besonderen Verhältnis zum Unternehmen stehen. Diese Frauen haben jetzt endlich das Einkommensniveau der Männer erreicht. Zweitens sind es die Frauen, deren Gehälter variable Bestandteile enthalten; sie erreichen „Männereinkommen", wenn auch nur das Niveau der Fixgehälter der Männer.

Zwar ist der Einkommensnachteil gewissermaßen „alterslos", das heißt, er ist in allen Altersgruppen zu beobachten. Dennoch deutet sich an, daß die Einkommensdifferenzen zwischen den jüngeren Männern und Frauen (bis 39 Jahre alt) geringer werden.

Wie machen Männer und Frauen Karriere?

Erfolgsfaktoren der Karriere

Sie sorgen zunächst für die „Eintrittskarte": den Hochschulabschluß. Sodann verschaffen sie sich Wettbewerbsvorteile für den Einstieg, indem sie bereits während der Ausbildung zusätzlich direkt berufsorientiert aktiv sind sowie Spezial- und Sprachkenntnisse erwerben.

Gerade letztere begünstigen auch den Aufstieg, für den außerdem die „besondere Persönlichkeit", geprägt durch Einsatz, Engagement, Fleiß, Leistungsvermögen und Initiative eine große Rolle spielt. Frauen betonen zusätzlich besonders häufig das Durchsetzungsvermögen, das für den Aufstieg erforderlich war, was von Männern gar nicht erwähnt wird. Das verwundert nicht, haben sich Frauen doch nicht nur in der Sache durchzusetzen, sondern auch gegenüber besonderen Hindernissen – siehe unten.

Über den betrachteten 12-Jahres-Zeitraum hinweg hat unter den Erfolgsfaktoren zunehmend die äußere Erscheinung an Bedeutung gewonnen. Da machen Männer und Frauen keine Unterschiede.

Das gilt auch für die Förderung durch Vorgesetzte, die sowohl für den Aufstieg von Männern als auch von Frauen eine gleich große Rolle spielt. Dagegen können Maßnahmen einer besonderen, institutionalisierten Frauenförderung kaum als Erfolgsfaktor für „Frauenkarrieren" bezeichnet werden.

Hindernisse

Soweit solche Maßnahmen auf die bessere Vereinbarkeit von Karriere und Familie zielen, treffen sie nicht die wirklich bedeutenden Hindernisse, die sich karriereorientierten Frauen sowohl beim Einstieg als auch beim Aufstieg in den Weg stellen: Die sind nämlich immer noch in den Vorurteilen begründet, denen Frauen sich allein wegen ihres „Frauseins" ausgesetzt sehen. Von den Frauen, die über Hindernisse berichtet haben, beklagen 16 % in der Einstiegsphase und 33 % in der Aufstiegsphase die mangelnde Akzeptanz als Frau. Die Bedeutung dieses Problems hat sich gegenüber 1991 für den Einstieg zwar verringert, nicht aber für den Aufstieg. Dagegen hatten 1998 nur 5 % beim Einstieg und 6 % beim Aufstieg Probleme zu bewältigen, die aus der familiären Belastung resultierten. Das ist insofern bemerkenswert, als immerhin 75 % der Frauen verheiratet oder fest an einen Partner gebunden sind und 50 % mindestens ein Kind haben. Allerdings muß man in diesem Zusammenhang auch darauf hinweisen, daß die Aufstiegsorientierung unter den Frauen mit Kindern geringer ausgeprägt ist als unter den kinderlosen Frauen. Andererseits liegt der Preis des Aufstiegs nicht etwa im Verzicht auf Partner und Kinder: Im Gegenteil, je höher die Führungsebene, desto häufiger sind Frauen verheiratet oder fest an einen Partner gebunden und haben Kinder. Berücksichtigen muß man dabei allerdings den relativ hohen Anteil von

Frauen im Unternehmerinnenstatus und das höhere Alter in den oberen Führungsebenen.

Auch bei Männern geht es nicht ohne Stolpersteine nach oben: Sie klagen besonders häufig über Hindernisse, die in betrieblichen und überbetrieblichen Gegebenheiten liegen und haben beim Aufstieg Probleme mit Kollegen und Vorgesetzten.

Überhaupt ist die vorgesetzte Führungsebene Quelle allen Übels: Wer mit seiner Arbeitssituation nicht zufrieden ist, begründet dies meistens mit der „Qualität der vorgesetzten Führungsebene", Frauen tun dies häufiger als Männer.

Zufriedenheit und Unzufriedenheit

Im Vergleich zu 1991 fällt auf, daß die Zufriedenheit unter den Frauen abgenommen hat, wozu in nicht unerheblichem Maße die Unzufriedenheit mit den nicht leistungsgerechten Gehältern beigetragen haben dürfte.

Dennoch sind Frauen – genau wie Männer – höchst selten von dem, was sie erreicht haben, enttäuscht. Auch die Ausstiegsneigung ist bei beiden Geschlechtern unverändert gering.

Wenn Männer und Frauen in Führungspositionen zusammenarbeiten, geht das meistens gut. Allerdings sind Frauen gegenüber weiblichen Vorgesetzten kritischer als Männer, während sie die Zusammenarbeit mit Frauen auf gleicher Ebene eher positiv erleben, positiver als mit einem Mann. Begründet wird das vorrangig mit der besseren Kommunikation, was auch Männer in dieser Konstellation am häufigsten anführen.

Zusammenarbeit von Männern und Frauen

Nur eine Minderheit der Männer (18 %) und Frauen (16 %) findet die Zusammenarbeit mit weiblichen Führungskräften generell schlechter als mit männlichen. Nach den Gründen gefragt wird das aufgelistet, was geeignet ist, die Vorurteile gegenüber Frauen – auch von Frauen gegenüber Frauen! – zu stützen: Rivalität, Neigung zu Intrigen, Neid und Eifersucht, zu große Emotionalität, Unberechenbarkeit usw.

Wenn auch Männer und Frauen in der Zusammenarbeit mit Frauen gleichermaßen die bessere Kommunikation loben, konnten dennoch für die gängige und beliebte Hypothese, daß das Führungsverhalten geschlechtsspezifisch unterschiedlich sei, insbesondere Frauen häufiger über die „soft skills" verfügen, keine Anhaltspunkte gefunden werden. Männer und Frauen führen grundsätzlich kooperativ und verhalten sich situationsabhängig auch mal autoritär, wozu Frauen etwas häufiger neigen, insbesondere in den höheren Führungsebenen. Hier

Führung heute und in Zukunft

kann allerdings bei der Beantwortung der Frage durchaus eine Rolle gespielt haben, daß Frauen eher fürchten als zu weich zu gelten, Männer als zu hart.

Allerdings könnte auch die im Vergleich zu den Männern deutlich geringere Ausstattung der Frauen mit Mitarbeitern eine Rolle spielen: Bei knappen Ressourcen kann eher schon mal das Gebot der effizienten Nutzung zu einer autoritären Entscheidung zwingen. Zwar haben auch die Männer im Vergleich zu 1991 weniger Mitarbeiter, da jedoch die Frauen auch 1991 bereits schlechter ausgestattet waren, hat die Reduktion ihrer Mitarbeiterzahl 1998 zu einer fortgesetzten Schlechterstellung gegenüber den Männern geführt.

Der Blick in die Zukunft der Führung zeigt, daß der Mitarbeiter und das Team im Mittelpunkt stehen. Markt und Kunden liefern nur für eine verschwindend geringe Minderheit der Männer, für Frauen gar keine Orientierung für zukünftiges Führungsverhalten. Dennoch soll nach Auffassung aller Führungskräfte das Modell des „Unternehmers im Unternehmen" realisierbar sein, wenn auch unter Umständen erst nach Erfüllung gewisser struktureller und personeller Voraussetzungen. Die mit dieser Vorstellung verbundene unternehmerische Orientierung beinhaltet weniger die Ausrichtung am Markt und an den Kunden, sondern eher unternehmertypische Persönlichkeitsmerkmale wie Durchsetzungsfähigkeit, Entscheidungsstärke und -freude sowie Risikobereitschaft.

Einige Schlußfolgerungen ... für Unternehmen

Angesichts der Tatsache, daß in Zukunft der Frauenanteil unter den Absolventen karriereorientierter Studiengänge mehr als ein Fünftel betragen wird (vgl. Anhang I), wird man sich fragen müssen, ob und wie man dieses qualitativ beachtliche Potential nutzen kann. Daß man bereits vorgesorgt hat, zeigt die Ausbildung der Führungskräfte in der dritten Ebene und darunter: 60 % der Frauen haben ein Studium abgeschlossen, verfügen somit über die formale Bildungsqualifikation für weiteren Aufstieg.

Allerdings ist die Aufstiegsorientierung der Frauen bisher nicht ganz so ausgeprägt wie die der Männer; insbesondere Frauen, die Kinder haben, sind sich nicht sicher, ob sie weiteren Aufstieg wollen. Insofern können Maßnahmen zur Verbesserung der Vereinbarkeit von Karriere und Familie motivierend wirken, auch wenn damit nicht die größten Aufstiegshindernisse, die Vorurteile gegenüber Frauen aus dem Weg geräumt werden.

Weiterhin sollte berücksichtigt werden, daß viele Führungskräfte ihre Arbeitszeit Richtung „Teilzeit" reduzieren möchten. Entgegen plausibler Vermutung sind unter den aufstiegsorientierten Führungskräften immerhin ein Fünftel Männer und ein Drittel Frauen, die sich Teilzeit wünschen. Allerdings wird der Teilzeitwunsch seltener als realisierbar angesehen.

Was tun?

1. Wenn man die Potentiale der Frauen ohne interne Reibungsverluste nutzen will, dann muß man den Frauen vorurteilslos entgegenkommen. Hierfür ist das Vorbild der Unternehmensleitung von entscheidender Bedeutung.

   Dazu gehört, Männer und Frauen in vergleichbaren Positionen mit gleichen Ressourcen auszustatten (was nicht unbedingt mehr Mitarbeiter für Frauen heißen muß, sondern auch weniger Mitarbeiter für Männer!). Und dazu gehört vor allem, Frauen genauso zu bezahlen wie Männer – in vergleichbaren Positionen. Dabei sollte eine stärkere Betonung der Leistungskomponente im Gehalt vorgesehen werden – weg von der Prämierung von Anwesenheit. Wenn „Mann" nicht will, daß das Einkommensniveau im Führungskräftebereich sinkt, dann müssen Frauen genauso bezahlt werden wie Männer.

2. Um eine bessere Vereinbarkeit von Karriere und Familie zu ermöglichen, braucht man keine aufwendigen Programme, sondern nur das zu realisieren, was Unternehmerinnen für sich in Anspruch nehmen können: Ein Höchstmaß an Disponierbarkeit über Arbeitszeit und Arbeitsort unter Beachtung der unternehmerischen Verantwortung zu gewährleisten (denn Frauen im Unternehmerinnenstatus haben häufiger Kinder als ihre „reinen" angestellten Kolleginnen und geben dennoch längere Wochenarbeitszeiten an). Auch die Anhebung der Einkommen der Frauen auf das Niveau der Männer ist Teil der Lösung des Problems.

   In diese Richtung zu denken und zu handeln empfiehlt sich auch unter dem Gesichtspunkt, daß besondere familienbezogene Frauenfördermaßnahmen auf geringe Akzeptanz bei Führungskräften beiderlei Geschlechts stoßen und gleichzeitig das Modell des „Unternehmers im Unternehmen" als Leitidee für zukünftiges Führungsverhalten auf allergrößte Zustimmung stößt.

3. Wenn Führungskräfte ihre Arbeitszeit reduzieren wollen, können sie das häufig nur dann, wenn damit entfallendes Arbeitseinkommen durch Kapitaleinkünfte bzw. Gewinneinkommen ersetzt werden kann. Das gelingt bisher nur denjenigen, die an ihrem Unter-

nehmen beteiligt sind, so daß gerade unter diesen Männern und Frauen der Teilzeitwunsch ausgeprägter ist und auch die Realisierung häufiger positiv beurteilt wird. Will man den Arbeitszeitwünschen Richtung „Teilzeit" entgegenkommen, dann muß man Führungskräfte am Unternehmen beteiligen, was gleichzeitig zur Realisierung eines unternehmerischen Führungsverhaltens beiträgt, das sich stärker als bisher am Markt und an den Kunden orientieren muß.

... für Führungsnachwuchskräfte

Angesichts des quantitativen Potentials weiblicher Führungsnachwuchskräfte werden selbst bei deren überragender Qualität die meisten Führungspositionen auch in Zukunft von Männern besetzt sein. Aber Männer und Frauen müssen deutlich häufiger als in der Vergangenheit zusammenarbeiten. Die Signale sind ermutigend: Von den Männern und Frauen, die bisher schon Erfahrungen mit Führungskräften beiderlei Geschlechts gemacht haben, arbeiten mehr als die Hälfte genauso gut mit Frauen wie mit Männern zusammen. Dennoch sind gerade den Frauen Probleme in der Zusammenarbeit nicht fremd: Ca. ein Drittel hat persönliche Erfahrung mit geschlechtsbedingter Diskriminierung gemacht, und der Aufstieg wird durch Vorurteile nach wie vor erschwert, wohingegen der Einstieg so leicht wie nie zuvor ist.

Wer sich dennoch für eine Karriere in einem Unternehmen entscheidet, sollte folgendes beachten:

1. Frauen haben nach wie vor offenbar bessere Chancen, in Klein- und Mittelbetrieben als in Großunternehmen in Führungspositionen zu gelangen.

2. Wenn Frauen leistungsgerechte Gehälter beziehen wollen, dann sollten sie auf leistungsabhängigen Gehaltsbestandteilen bestehen; nur auf diese Weise ist es angesichts des im Vergleich zu den Männern niedrigeren Einkommensniveaus kurzfristig möglich, daß Frauen auch „verdienen was sie verdienen".

Unternehmen mit überdurchschnittlich hohen Frauenanteilen in Führungspositionen müssen unter diesem Gesichtspunkt nicht der beste Arbeitsplatz sein. Das gilt für Frauen und für Männer.

Auch Arbeitsbereiche, in denen Männer Spitzeneinkommen beziehen, müssen für Frauen nicht zwangsläufig günstig sein – eher gilt das Gegenteil!

Außerdem sollten Frauen bei Gehaltsverhandlungen nicht darauf setzen, daß man später noch etwas aufholen kann; einen „Altersbonus" gibt es zwar (noch) für Männer, aber nicht für Frauen!

Zusammenfassung, Hypothesen und Folgerungen

3. Höhere Belastungen im Hinblick auf Arbeitszeiten und Arbeitsatmosphäre sind in den extern orientierten Bereichen wie Marketing und Werbung/PR/Kommunikation zu erwarten, geringere in den intern orientierten wie dem Personalbereich und dem Bereich Finanzen/Rechnungswesen/Controlling.

Je nach Standort und Perspektive lassen sich andere und weitere Schlußfolgerungen ziehen. Die hier vor dem Hintergrund einer beobachteten Entwicklung von mehr als 10 Jahren besonders hervorgehobenen Ergebnisse reflektieren die Verantwortung der Unternehmensspitze für die bestmögliche Besetzung von Führungspositionen im Interesse des Unternehmenserfolgs und die Verantwortung der Frauen für ihren persönlichen Erfolg.

Wer Erfolg für das Unternehmen will, muß fähig sein, andere erfolgreich zu machen. Wer Erfolg für sich persönlich will, ist davon abhängig, daß andere erfolgreich sind. Und wenn der andere eine Frau ist?

Synergien mögen aus pragmatischer Sicht in das Reich der Legenden und Illusionen gehören. Da, wo Männer und Frauen aufeinandertreffen, stellt sich jedoch immer die Frage nach positiven und negativen Effekten, nirgendwo ist die Frage nach Synergien offensichtlicher und provozierender zugleich.

Noch stehen sich unbewußte Ablehnung und bewußte Befürwortung von Frauen in Führungspositionen meistens unterschwellig, selten offen gegenüber. Männer und Frauen arbeiten gut zusammen, aber Frauen verdienen weniger als Männer in vergleichbaren Positionen. So billig wird Synergie auf Dauer nicht zu haben sein, die Unzufriedenheit der Frauen signalisiert das.

Wer nicht darauf warten will, daß das Unterbewußtsein die möglichen positiven Effekte der Zusammenarbeit von Männer und Frauen in Führungspositionen ganz und gar zuläßt, muß offensiv Interessen vertreten: die Unternehmensspitze die des Unternehmens, die Frauen ihre eigenen!

Anhang I
Frauenanteile in Führungspositionen

Immer noch wird öffentlichkeitswirksam Klage darüber geführt, daß Frauen in Führungspositionen unterrepräsentiert seien. Diese pauschale Behauptung ist für die Wirtschaft keineswegs zutreffend – wenn man die richtigen Zahlen in die richtigen Relationen bringt. Und das heißt, die Potentiale unter Berücksichtigung des Zeitverbrauchs einer Karriere mit den Frauenanteilen ins Verhältnis zu setzen.

Nach einer Befragung von 53 Großunternehmen (Vgl. Bischoff, Sonja, Top-Arbeitgeber für Frauen – Wer sie sind, was sie bieten, Mannheim 1996, S. 31) richten sich 80 Prozent der Nachfrage für die Besetzung von Führungsnachwuchspositionen auf Absolventen und Absolventinnen der Studiengänge in den Wirtschaftswissenschaften (30 Prozent), Ingenieurwissenschaften (25 Prozent), Mathematik und Naturwissenschaften (25 Prozent); Juristen (6 Prozent) und Wirtschaftsingenieure (4 Prozent) sind weniger gefragt. Ein Blick auf die Frauenanteile unter den Absolventen in diesen karriereorientierten Studiengängen zeigt, daß diese sich kontinuierlich, aber langsam erhöht haben: Von 15 Prozent im Jahr 1981 bis auf 25 Prozent im Jahr 1996 (Quelle: Statistisches Bundesamt). Dabei muß aber berücksichtigt werden, daß die Frauen sich nicht nachfragegerecht auf die einzelnen Abschlüsse verteilen: Von den Absolventen mit Abschlüssen in den oben genannten karriereorientierten Studiengängen waren 1996 44 Prozent Frauen unter den Juristen, 40 Prozent unter den Wirtschaftswissenschaftlern und 15 Prozent unter den Wirtschaftsingenieuren. Von den Unternehmen wurden unter den Ingenieuren vorrangig Maschinenbauer und Elektrotechniker gesucht, nennenswerte Anteile von Frauen finden sich hier aber nicht, sondern unter den Bauingenieuren. Im naturwissenschaftlichen Bereich ist eine ähnliche Diskrepanz festzustellen: Frauen studieren vorrangig Biologie, nachgefragt werden vorrangig Informatiker und Chemiker. Diese Disproportionalität zwischen Nachfrage und weiblichem Angebot relativiert die Chance, die in dem oben zusammengefaßten Anteil an Absolventinnen in karriereorientierten Studiengängen zunächst zum Ausdruck kommt.

Dennoch sind – gemessen am Potential – die Frauenanteile in Führungspositionen nicht dramatisch gering, wie folgende Übersicht zeigt:

Tabelle 1: Frauenanteile in Führungspositionen

	Topmanagement	Mittelmanagement
1995	6,8 %	10,9 %
1996	11,2 %	13,4 %
1997	11,4 %	14,8 %

Quelle: Verlag Hoppenstedt GmbH, aus den Dateien
„Großunternehmen" und „Mittelständische Unternehmen".

Anhang I – Frauenanteile in Führungspositionen

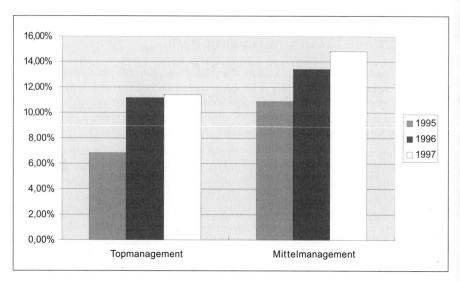

Danach erreichen die Anteile der Frauen im Mittelmanagement 1997 immerhin schon 15 Prozent und im Topmanagement gut 11 Prozent. Ganz wesentlich sind diese Zahlen auf die im Vergleich zu den Großunternehmen höheren Anteile in mittelständischen Unternehmen zurückzuführen, wo im Mittelmanagement bereits 1997 die 20 Prozent-Marke überschritten worden ist, während in Großunternehmen alle Anteilswerte immer noch im einstelligen Bereich liegen. Insgesamt – d.h. über alle Führungsebenen und Unternehmensgrößen hinweg – enthalten die Hoppenstedt-Dateien 1997 knapp 13 Prozent Frauen in Führungspositionen. In der Untersuchung, über die hier zu berichten ist, beträgt der Frauenanteil in den Unternehmen, in denen die Führungskräfte beschäftigt sind, im Durchschnitt 11 Prozent.

Man wird also feststellen müssen, daß angesichts des Potentials von etwa 20 Prozent an Hochschulabsolventinnen aus karriereorientierten Studiengängen Ende der 80er / Anfang der 90er Jahre der Frauenanteil in Führungspositionen von insgesamt knapp 13 Prozent im Jahr 1997 nicht dramatisch niedrig ist. Zwar sind nicht alle Frauen, die über die formale Qualifikation für den Einstieg in eine Führungsnachwuchsposition verfügten, auch in einer Führungsposition angekommen; insofern besteht nach wie vor eine Diskrepanz im Vergleich zu den Männern. Das könnte sich aber in den nächsten Jahren ändern, denn in den Jahren 1993, 1994, 1995 haben die schon zitierten 53 Großunternehmen im Durchschnitt 27 Prozent ihrer Führungsnachwuchspositionen mit Frauen besetzt, während im gleichen Zeitraum im Durchschnitt der Frauenanteil an den Absolventen in den nachgefragten karriereorientierten Studiengängen bei 22 Prozent lag.

Anhang II
Teilzeit in Führungspositionen – Königsweg oder Sackgasse auf dem Weg nach oben?

Vortrag

anläßlich des Workshops

„Chancengleichheit als Managementaufgabe"

der Hermann von Helmholtz-Gemeinschaft Deutscher Forschungszentren (HGF)

am 24.03.1999 im UFZ-Umweltforschungszentrum Leipzig-Halle GmbH

von

Univ.-Prof. Dr. Sonja Bischoff
Hochschule für Wirtschaft und Politik
Hamburg

Man stelle sich vor: Es geht um die Besetzung des Postens eines Vorstandsassistenten. Auf die im Bewerbungsgespräch obligatorische Frage „wo wollen sie in 5 Jahren stehen?" antwortet der promovierte männliche Bewerber, der mit exzellenten Noten, Auslandsaufenthalten und hervorragendem persönlichen Auftreten glänzt, „dann möchte ich Vater werden und meine Arbeitszeit auf zwei Drittel reduzieren." Über den hypothetischen Fortgang des Bewerbungsverfahrens braucht man sich wohl keine Gedanken zu machen. Vielleicht war der junge Mann einfach nur seiner Zeit voraus und Teilzeitarbeit in Führungspositionen wird in 20 Jahren ebenso selbstverständlich sein wie sie es heute für Frauen ist, die in untergeordneten Positionen an der Peripherie von Organisationen arbeiten.

Denn schließlich gibt es genug Propagandisten der Teilzeit in Führungspositionen – nur nicht in den Führungsetagen, also dort, wo man über eine Verkürzung der eigenen Arbeitszeit entscheiden könnte. Befürworter der Teilzeitarbeit in der Führung findet man vor allem unter Berufspolitikern (!) und Wissenschaftlern, die meinen, damit insbesondere den Frauen den Zugang zu Spitzenpositionen ebnen zu können. Mit anderen Worten: Die Reduzierung der zeitlichen Beanspruchung durch den Beruf möge angesichts unveränderter häuslicher Arbeitsteilung zwischen Männern und Frauen für Frauen entlastend wirken.

Wenn guten Absichten Taten folgen sollen, so muß zunächst der Beweis angetreten werden, daß das Denkmodell „Teilzeit in Führungspositionen" realisierbar ist und die vorgegebenen Ziele damit erreicht werden können. Dazu sind die Tätigkeiten einer Führungskraft zu analysieren.

Seit Anfang des 20. Jahrhunderts, geprägt durch den französischen Industriellen Fayol, wissen wir, daß Führung aus Planung, Organisation, Koordination und Kontrolle besteht. Gutenberg nannte die Unternehmensführung den „dispositiven Faktor", der plant und organisiert. Soweit die Theorie, die allerdings mehr die Ergebnisse leitender Tätigkeiten, nämlich den Plan und die Organisation, als die Tätigkeiten selbst beschreibt. Die Frage, ob die Funktionen der Planung und Organisation als zwei Teilbereiche der Führung Ansatzpunkte zur Trennung in entsprechende Arbeitsbereiche liefern können, stellt sich aufgrund ihrer wechselseitigen Beziehungen nicht. Die Planung beinhaltet die Gestaltung der Organisation, die Organisation bestimmt den Rahmen der Planung. Insofern hilft die Theorie nicht weiter, sondern nur die Beobachtung dessen, was Manager bzw. Führungskräfte wirklich tun.

Die auch heute noch aktuellen Untersuchungen hierüber führte Henry Mintzberg schon Anfang der 70er Jahre durch, auf die sich auch gegenwärtig Teilzeitbefürworter stützen (sie tun dies allerdings irrtümlicherweise, wie noch festzustellen sein wird). Eine Beobachtung Mintzbergs war, daß Manager sich stark aktionsorientiert verhalten, daß ihre Aktivitäten von Kurzatmigkeit und Unterbrechungen gekennzeichnet sind. Aus dieser Fragmentierung der Tätigkeiten wird der Schluß gezogen, daß die Arbeit der Führungskraft grundsätzlich teilbar sei. Auch eine Untersuchung im öffentlichen Dienst der Freien und Hansestadt Hamburg – durchgeführt von Prof. Dr. M. Domsch (Universität der Bundeswehr, Hamburg) – kommt zu dem Ergebnis, daß zumindest im Bereich der stark administrativen Tätigkeiten diese Möglichkeit besteht (und in Einzelfällen auch schon erfolgreich praktiziert wird). Man wird also in jedem Einzelfall genauer fragen müssen, um welche Art der Tätigkeit es sich in einer spezifischen Führungsposition handelt, wenn die Teilung zur Disposition steht.

Ohne Zweifel erfordert eine Karriere im Sinne von Aufstieg in einer Hierarchie zunächst einmal fachliche Fähigkeiten, die auf Spezialkenntnissen beruhen. Zumindest in großen Organisationen besteht damit die Möglichkeit, in begrenztem Maße auch Personal- und Budgetverantwortung zu übernehmen, z. B. in der Leitung der Forschung und Entwicklung oder der EDV. Aufgrund der verhältnismäßig geringen sogenannten „Leitungsspanne" (Anzahl unterstellter Mitarbeiter) und des vergleichsweise hohen Anteils an selbstbestimmten Aufgaben in solchen Bereichen erscheint die Teilung einer Führungsposition möglich.

Wenn dagegen kaum mehr Fachaufgaben sondern fast ausschließlich Führungsaufgaben im Sinne der Verantwortung für Gesamtergebnisse und umfassender Personal- und Ressourcenverantwortung wahrgenommen werden, dann ist in der Regel auch der Anteil total selbstbestimmter Tätigkeiten so gering, daß Teilzeit fast unmöglich erscheint.

Sach-Dimensionen der Machbarkeit von Teilzeit für Führungskräfte

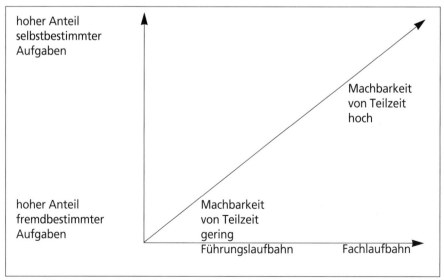

Quelle: Pietschmann, Bernd P., Möglichkeiten und Grenzen der Teilzeit für Führungskräfte, in: Personal 7/1997 S. 351

Somit sind der Teilzeittätigkeit objektiv enge Grenzen gesetzt.

Mintzberg sagt warum: Er stellt nicht die sogenannte Fragmentierbarkeit als charakteristisches Merkmal in den Vordergrund, sondern er identifiziert drei Gruppen von Rollen des Managers, nämlich die interpersonellen Rollen, die informationsbezogenen Rollen und die entscheidungsorientierten Rollen.

Die zehn Rollen des Managers

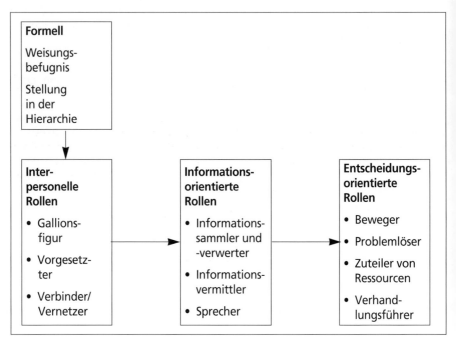

Quelle: Mintzberg, Henry, Zwischen Fakt und Fiktion – der schwierige Beruf Manager, in: HARVARDmanager 4/1990, S. 92

Diese insgesamt zehn Rollen sind kaum voneinander trennbar. Mintzberg wörtlich (S. 95):

> „Keine Rolle kann entfallen ohne das ganze zu beschädigen. Fehlen einem Manager beispielsweise Verbindungen nach draußen und bleibt er daher vom Zustrom externer Informationen abgeschnitten, so kann er auch seine Mitarbeiter nicht so informieren, wie die das für ihre Entscheidungen nötig hätten, um auf Umwelteinflüsse angemessen zu reagieren.

> *Hier liegt auch die Crux von Teammanagement. Zwei oder drei Personen können sich nicht dieselbe Führungsposition teilen, es sei denn, sie würden stets als eine geschlossene Einheit auftreten. Das bedeutet, sie dürfen die zehn Rollen dann nicht unter sich aufteilen, wenn die sich nicht anschließend auch wieder getreulich reintegrieren lassen. Ohnehin gehen die größten Schwierigkeiten von den informationsbezogenen Rollen aus. Jede Führung im Team muß einbrechen, wenn es den Mitgliedern nicht gelingt, alle relevanten Informationen – und die bestehen, wie ich betont habe, überwiegend aus mündlichen Mitteilungen – untereinander auszutauschen. Eine einzelne Führungsposition kann eben nicht willkürlich aufgespalten werden, beispielsweise in interne und externe Funktionen, denn Informationen aus beiden Quellen müssen die Entscheidungen tragen...*
>
> *Alle Rollen bleiben untrennbar miteinander verknüpft."*

Nun könnte man annehmen, daß heutzutage – bedingt durch den Einsatz der Informations- und Kommunikationstechnologien – der mündlichen Face-to-Face-Kommunikation eine wesentlich geringere Bedeutung beigemessen wird. Das ist allerdings ganz und gar nicht der Fall. Ganz im Gegenteil; gerade die Führungskräfte, die die elektronische Kommunikation besonders stark nutzen, sind diejenigen, die der persönlichen Kommunikation besonders hohes Gewicht beimessen! Anders ausgedrückt: Die Manager, die die Informations- und Kommunikationstechnologien besonders stark nutzen, sind auch diejenigen, die besonders viel reisen, um auch mit entfernteren Gesprächspartnern persönlich zu kommunizieren – ein Phänomen, das auch als Telekommunikations-Paradoxon bezeichnet wird. (Reichwald/Möslein, S. 699).

Auch die zukünftigen Anforderungen an Führungskräfte lassen nicht erwarten, daß durch Einsatz von mehr Informations- und Kommunikationstechnologie die Aufgaben teilbarer wären als bisher: Vorrangige Aufgabe des Managers ist es,

> *"...Mitarbeiter und Teams zu koordinieren, unterstützend zu beraten und zur Selbstführung zu befähigen. Die Manager tragen damit die Verantwortung für den reibungslosen Ablauf von Wertschöpfungsprozessen und für die Rahmenbedingungen eines kreativen Unternehmertums. Ihre Rolle wandelt sich zunehmend vom traditionellen Aufgabenzuweiser und Arbeitskontrolleur hin zum Berater und Coach, der die Kreativität seiner Mitarbeiter fördert. Die sich aus derartigen neuen Formen der Personalführung ergebenden Anforderungen an die Manager erstrecken sich im wesentlichen auf die Bereiche sozialer Fähigkeiten, kommunikativer Fähigkeiten, Integrationsfähigkeiten, Verhandlungsgeschick und Fähigkeiten zur Vertrauensbildung."* (Reichwald 1996, S. 509)

Die Frage für die Zukunft lautet demnach:

Können Aufgaben wie

- die Mitarbeiter zu beraten und aufzubauen,

- der Aufbau von Beziehungsnetzen und der Kommunikation in diesen Netzen,
- Verhandlungen zu führen und Konflikte zu lösen,
- die permanente Gestaltung von Veränderungsprozessen und
- insbesondere die Schaffung von Vertrauen innerhalb und außerhalb einer Organisation (Reichwald 1997, S. 247)

in Teilzeit erfolgreich erfüllt werden?

Fragen wir die, die dies alles heute tun und morgen tun sollen. Auf die Frage „Können Sie sich vorstellen, daß die Aufgaben, die Sie in ihrer Position erfüllen, auch von Teilzeitführungskräften erledigt werden könnten?" antworteten 1998 74 % der befragten Führungskräfte mit „nein". (Hier und im folgenden: Bischoff 1999) Anzumerken ist, daß die Ablehnung unter den Männern mit 79 % deutlich größer war als unter den Frauen mit 67 %. Als Gründe für die Ablehnung von Teilzeitarbeit werden persönliche (43 %) und sachliche Gründe (46 %) genannt. Unter den sachlichen Gründen dominieren solche wie „Komplexität und Vernetzung des Aufgabenbereichs" und „Verlust von Überblick und Effizienz". Außerdem sei Verantwortung nicht teilbar. Soweit persönliche Gründe genannt wurden, dominieren bei den Männern finanzielle, bei den Frauen immaterielle Gründe wie „Ehrgeiz" oder „Karriereziele dann nicht erreichbar". Angesichts der tatsächlichen Arbeitsbelastung von meistens mehr als 50 Stunden in der Woche wird eher eine 40-Stunden-Woche als eine Teilzeittätigkeit angestrebt. Bemerkenswert ist, daß die Ablehnung der Teilzeitposition mit höherer hierarchischer Ebene wächst, und zwar nehmen auch die sachlichen Begründungen an Gewicht zu.

Will man nach diesem kurzen Abriß des Diskussionsstands ein vorläufiges Fazit ziehen, so muß man feststellen, daß „Teilzeit in Führungspositionen" ganz sicher jetzt und auch in absehbarer Zukunft kein Königsweg auf dem Weg nach oben ist. Der integrierende, informationsverarbeitende Charakter der Führungsaufgabe, sowie die Tatsache, daß der größte Anteil der Arbeitszeit in Gruppen (Mitarbeiter, Kollegen, Kunden etc.) (Hess, S. 132/133) verbracht wird, deutet eher auf die Unteilbarkeit einer nach Kompetenz und Verantwortung zugeschnittenen Aufgabe hin. Der Einsatz und die Nutzung der Informations- und Kommunikationstechnologien wird daran nicht so viel ändern; insbesondere die informell eruierten oder zugetragenen Informationen, die eine Führungskraft dank ihrer Stellung bekommt, werden verarbeitet. Diese Informationen, die „nur" in Köpfen und in keinen Informationssystemen gespeichert und abrufbar sind, werden um so wichtiger, je unsicherer das Umfeld von Entscheidungsträgern wird. Und die Unsicherheit wächst mit höherer Hierachiestufe, da der Verantwortungsbereich größer und komplexer wird.

Wenn dagegen die Einzelarbeit in einer unteren Führungsposition im Rahmen einer Fachlaufbahn größere Anteile als die Gruppenarbeit ausmacht, dann liegen eher günstige Voraussetzungen für Teilbarkeit vor. Man wird also die Frage danach, ob Teilzeit in Führungspositionen eher eine Sackgasse auf dem Weg nach oben ist, in Abhängigkeit von der spezifischen zu leistenden Führungsaufgabe beurteilen müssen. Es ist durchaus vorstellbar, daß auf diese Weise der Einstieg in eine mehr fachlich orientierte Führungslaufbahn möglich ist; ob allerdings damit Meilensteine auf den Weg an die Spitze einer Organisation gesetzt werden können, scheint doch eher fraglich.

Wenn eine bessere Vereinbarkeit von Karriere und Familie angestrebt wird, dann sollte man sich eher nicht regulierter Arbeitszeit zuwenden. Wie Studien aus den Jahren 1991 und 1999 (Bischoff) zeigen, haben *die* weiblichen Führungskräfte, die als Unternehmerinnen mehr Möglichkeiten zur Disposition ihrer Arbeitszeit haben als angestellte Frauen, deutlich häufiger und mehr Kinder als ihre angestellten Kolleginnen – trotz längerer Wochenarbeitszeiten! Entscheidend für die Vereinbarkeit von Karriere und Familie scheint weniger die absolute Länge der Arbeitszeit als die individuellere Disponierbarkeit über die Zeit zu sein, kurz die bessere individuelle Integration von Privat- und Berufsleben. Mit dem Modell der „Teilzeitführungskraft" könnte es den Frauen dagegen ebenso gehen wie mit den Frauenfördermaßnahmen, die in 80 % der Großunternehmen das Angebot der Freistellung über den gesetzlichen Erziehungsurlaub hinaus beinhalten (Bischoff 1996, S. 38). Abgeschnitten vom alltäglichen „Klatsch und Tratsch" fährt der Karrierezug ohne sie weiter!

Quellen:

Bischoff, Sonja
Top-Arbeitgeber für Frauen – wer sie sind, was sie bieten, Mannheim 1996

Bischoff, Sonja
Männer und Frauen in Führungspositionen der Wirtschaft in der BRD – 1991 im Vergleich zu 1986, Köln/Hamburg 1991

Bischoff, Sonja
Männer und Frauen in Führungspositionen der Wirtschaft in der BRD – 1998 im Vergleich zu 1991, erscheint im Juni 1999

Hess, Martin
Individuelle Arbeitszeitsysteme für Führungskräfte, Diss. St. Gallen 1988

Mintzberg, Henry
Zwischen Fakt und Fiktion – der schwierige Beruf Manager, in: HARVARDmanager 4/1990, S. 86 – S. 98

Picot, Arnold/Reichwald, Ralf/Wiegand, Rolf T.
Die grenzenlose Unternehmung, 2. aktualisierte Auflage, Wiesbaden 1996

Pietschmann, Bernd P.
Möglichkeiten und Grenzen der Teilzeit für Führungskräfte, in: PERSONAL 7/1997, S. 349 – S. 353

Reichwald, Ralf
Neue Arbeitsformen in der vernetzten Unternehmung: Flexibilität und Controlling, in: Picot, Arnold (Hrsg.), Information als Wettbewerbsfaktor, Stuttgart 1997, S. 233 – S. 263

Reichwald, Ralf/Möslein, Kathrin
Telearbeit und Telekooperation, in: Bullinger, Hans-Jörg/Warneke, Hans-Jürgen (Hrsg.), Neue Organisationsformen in Unternehmen, Berlin/Heidelberg/New York 1996, S. 691 – S. 708

Anhang III
Fragebogen

e.t.c. Institut   Dr. Engelmann & Tanzer
22391 Hamburg
Tel: 040 - 536 950 10

Männer und Frauen in Führungspositionen

1. In welcher **Branche** sind Sie tätig?

Industrie	☐ 1
Handel	☐ 2
Dienstleistungen, und zwar:	
Finanzdienstleistungen	☐ 3
Verkehr und Tourismus	☐ 4
Kommunikation	☐ 5
Sonstige, und zwar:	

2. Fragen zum **Unternehmen**, in dem Sie arbeiten:

   Wie groß, gemessen am **Jahresumsatz**, ist das Unternehmen?

	Deutschland	weltweit
bis 75 Mio DM	☐ 1	☐ 2
über 75 Mio DM	☐ 1	☐ 2

   a) Und gemessen an der Zahl der **Beschäftigten**?

bis zu 250 Beschäftigte	☐ 1	☐ 2
251 bis 1.000 Beschäftigte	☐ 1	☐ 2
1.001 bis 5.000 Beschäftigte	☐ 1	☐ 2
5.001 bis 10.000 Beschäftigte	☐ 1	☐ 2
über 10.000 Beschäftigte	☐ 1	☐ 2

   b) Wie hoch ist der **Anteil der Frauen** in Ihrem Unternehmen? ....% ....%

   c) Und wie hoch ist der Anteil der............................
   Frauen in Führungspositionen? ....% ....%

3. Stehen Sie in einer beteiligungsmäßigen und oder familiären **Beziehung** zum Unternehmen?

   ja ☐ 1   nein ☐ 2

4. Welche **Position** bekleiden Sie?
   Eine Position in der ....

3. Führungsebene und darunter	☐ 1
2. Führungsebene	☐ 2
1. Führungsebene	☐ 3

5. Wieviele **Mitarbeiter** sind Ihnen direkt unterstellt?

   Zahl weiblicher Mitarbeiter ....

   Zahl männlicher Mitarbeiter ....

6. In welchem **Funktionsbereich** sind Sie tätig?

Marketing	☐ 1
Vertrieb / Verkauf	☐ 2
Personalwesen	☐ 3
Finanzen / Rechnungswesen / Controlling	☐ 4
Produktion	☐ 5
Einkauf / Materialwirtschaft / Logistik	☐ 6
Forschung und Entwicklung	☐ 7
Werbung / PR / Kommunikation	☐ 8
EDV	☐ 9
Geschäftsleitung	☐ 10

7. Wie hoch ist Ihr **Brutto-Jahresgehalt?**

bis 80 TDM	☐ 1	151 bis 200 TDM	☐ 4
81 bis 100 TDM	☐ 2	über 200 TDM	☐ 5
101 bis 150 TDM	☐ 3		

   a) Enthält Ihr Gehalt variable (erfolgsabhängige, leistungsabhängige) Bestandteile?

   ja ☐ 1   nein ☐ 2

   b) **Falls ja:** Wie hoch ist der Anteil an variablen Bestandteilen, bezogen auf Ihr Jahresgehalt?
   ....%

8. Wieviel **Stunden arbeiten** Sie durchschnittlich pro Woche?

bis 40 Stunden	☐ 1	61 - 70 Stunden	☐ 4
41 - 50 Stunden	☐ 2	über 70 Stunden	☐ 5
51 - 60 Stunden	☐ 3		

9. Können Sie während der regulären Arbeitszeit **zu Hause arbeiten?**

   ja ☐ 1   nein ☐ 2

10. Können sie sich vorstellen, daß die Aufgaben, die Sie in Ihrer Position erfüllen, auch von **Teilzeitführungskräften** erledigt werden könnten?

    ja ☐ 1   nein ☐ 2

11. Würden Sie persönlich **gerne in Teilzeit** arbeiten?

    ja ☐ 1   nein ☐ 2

    a) **Falls nein:** Woran liegt es?

    ....

12. Welche der folgenden **Faktoren**

a) spielten neben der (Berufs)Ausbildung für den beruflichen **Einstieg** eine Rolle?

b) Und welche davon begünstigten Ihre Karriere in der **Aufstiegs-/ Durchsetzungsphase?**

	a) Einstieg	b) Aufstieg
während der Ausbildung ausgeübte direkt berufsorientierte Aktivitäten (z.B. Praktika)	☐ 1	☐ 1
nicht direkt berufsorientierte Aktivitäten (z.B. politische und soziale Engagements)	☐ 2	☐ 2
Spezialkenntnisse	☐ 3	☐ 3
Sprachkenntnisse	☐ 4	☐ 4
persönliche Beziehung	☐ 5	☐ 5
äußere Erscheinung	☐ 6	☐ 6

sonstige Faktoren in der **Aufstiegsphase:**

....

....

13. Welche waren die größten **Hindernisse,** die sich Ihnen in den Weg gestellt haben?

a) In der **Einstiegsphase:**

....

....

b) Und in der **Aufstiegs-/ Durchsetzungsphase?**

....

....

14. Wurden Sie bei Ihrem beruflichen Aufstieg durch **Vorgesetzte gefördert?**

ja, durch männliche Vorgesetzte	☐ 1
ja, durch weibliche Vorgesetzte	☐ 2
nein	☐ 3

15. Mit welchen **Führungskräften** haben Sie Erfahrung in der praktischen Zusammenarbeit?

nur mit männlichen Führungskräften ☐ 1
---- > **17**

nur mit weiblichen Führungskräften ☐ 2

mit beiden ------- > **Frage 16**

16. **Falls** Sie sowohl mit männlichen als auch mit weiblichen Führungskräften zusammengearbeitet haben:
Wie war die Zusammenarbeit mit weiblichen Führungskräften? War sie, Ihrer persönlichen **Erfahrung** nach, im Vergleich zu männlichen Führungskräften besser, schlechter oder genauso?

	Genauso	besser	schlechter
Frau			
als Vorgesetzte	☐ 1	☐ 2	☐ 3
auf gleicher Ebene	☐ 1	☐ 2	☐ 3
als untergeordnete Führungskraft	☐ 1	☐ 2	☐ 3

a) **Falls** Zusammenarbeit mit einer weiblichen Führungskraft **schlechter** war (Bitte die Position / die Ebene, wie oben angeben):

Warum war sie **schlechter?** ....

....

....

....

b) **Falls** Zusammenarbeit mit einer weiblichen Führungskraft **besser** war (Bitte die Position / die Ebene, wie oben angeben):

Warum war sie **besser?** ....

....

....

....

17. Haben Sie schon zu Beginn Ihres Berufslebens daran gedacht, später einmal eine **Führungsposition** zu übernehmen?

ja, war selbstverständlich	☐ 1
ja, an die Möglichkeit habe ich schon gedacht	☐ 2
nein	☐ 3

Anhang III – Fragebogen

18. Wenn Sie Ihr Führungsverhalten beschreiben, wie würden Sie es kennzeichnen?

    grundsätzlich kooperativ ☐ 1
    situationsabhängig autoritär ☐ 2
    anders / bzw. **auch noch als:**

    ....
    ....

19. Halten Sie die Vorstellung vom „**Unternehmer im Unternehmen**", d.h. ohne rechtliche Selbständigkeit unternehmerisch zu handeln, für realistisch?

    ja, ohne Einschränkung ☐ 1
    grundsätzlich ja, **aber:**
      nur mit Veränderung der
      Organisationsstrukturen ☐ 2
      nur mit Veränderung des
      Vergütungssystems ☐ 3
      nur mit einer personell anders
      besetzten Unternehmensleitung ☐ 4
      nur nach entsprechender Schulung
      der Führungskräfte ☐ 5
    nein, weil: ☐ 6

    ....
    ....
    ....
    ....

20. Mit welchen drei **Merkmalen** würden Sie das Führungsverhalten kennzeichnen, das in Zukunft an Bedeutung gewinnen wird?

    1 ....
    2 ....
    3 ....

21. Sind Sie mit Ihrer Arbeitssituation **zufrieden**?

    ja ☐ 1   teilweise ☐ 2   nein ☐ 3

a) **Falls Sie unzufrieden** sind: Woran liegt es?

   an der Aufgabe ☐ 1
   an der hierarchischen Stellung ☐ 2
   an der Ausstattung (Mitarbeiter,
   Arbeitsmittel) ☐ 3
   an dem häufigen Zwang zum Kompromiß ☐ 4
   an den verkrusteten Betriebsstrukturen ☐ 5
   an der Qualität der vorgesetzten
   Führungsebene ☐ 6
   am Gehalt ☐ 7
   Sonstiges, und zwar:

b) **Falls** Sie mit Ihrem **Gehalt unzufrieden** sind: Woran liegt es?
   weil zu wenig zum Ausgeben ☐ 1
   weil nicht leistungsgerecht ☐ 2

22. Wie zufrieden sind Sie mit dem Verlauf Ihrer **Karriere?**
    bin weitergekommen als erwartet ☐ 1
    habe erreicht, was ich wollte ☐ 2
    bin enttäuscht ☐ 3
    habe schon mal ernsthaft an
    Ausstieg gedacht ☐ 4

23. Wie denken Sie über eine **Selbständigkeit?**
    war schon mal selbständig ☐ 1
    habe schon mal daran gedacht ☐ 2
    habe es mir fest vorgenommen ☐ 3
    kommt für mich nicht in Frage ☐ 4

a) **Falls** Selbständigkeit für Sie nicht in Frage kommt: Woran liegt es?
   ....
   ....
   ....

24. Haben Sie schon einmal auf Ihrem Berufsweg auf einen möglichen, Ihnen wesentlich erscheinenden **Karrierevorteil** zugunsten Ihres Partners / Ihrer Partnerin oder Familie **verzichtet**?

    ja ☐ 1   nein ☐ 2

25. Streben Sie weiteren beruflichen **Aufstieg** an?
    ja ☐ 1   nein ☐ 2   unschlüssig ☐ 3

26.	Haben Sie im Interesse Ihres beruflichen Fortkommens schon einmal oder mehrmals den **Wohnort gewechselt**?		
	ja, einmal	☐ 1	
	ja, öfters	☐ 2	
	nein, habe ich abgelehnt	☐ 3	
	nein, war bisher nicht erforderlich	☐ 4	
27.	Würden Sie es in **Zukunft** (noch einmal) tun?		
	ja, innerhalb Deutschlands	☐ 1	
	ja, auch ins europäische Ausland	☐ 2	
	ja, weltweit	☐ 3	
	bin noch unschlüssig	☐ 4	
	nein	☐ 5	
28.	Glauben Sie, daß Sie durch Ihre Position **Macht** haben?		
	ja, viel	☐ 1	
	eher wenig	☐ 2	
	habe ich nicht	☐ 3	
29.	Wenn Sie an Ihr bisheriges Berufsleben denken, von welchen der folgenden **Probleme** waren Sie schon einmal persönlich betroffen?		
	Mobbing	☐ 1	
	sexuelle Belästigung	☐ 2	
	Geschlechterkonkurrenz	☐ 3	
	geschlechtsbedingte Diskriminierung	☐ 4	
30.	Hat man in Ihrem Unternehmen schon einmal über **Frauenförderung** nachgedacht oder diskutiert?		
	ja ☐ 1 nein ☐ 2		
a)	**Falls ja**, gibt es konkrete **Maßnahmen**?		
	ja ☐ 1 nein ☐ 2		
31.	Wie beurteilen Sie solche **Maßnahmen** (z.B. Existenz einer Frauen- bzw. Gleichstellungsbeauftragten, Wiedereinstiegszusagen nach Familienpausen, frauenspezifische Maßnahmen der Personalentwicklung) im Hinblick auf ihre **Wirksamkeit**?		
	werden den Frauenanteil in Führungspositionen schnell und nachhaltig erhöhen	☐ 1	
	werden den Frauenanteil nur unwesentlich erhöhen	☐ 2	
	werden wirkungslos bleiben	☐ 3	
	werden wegen mangelnder Akzeptanz bei den Entscheidungsträgern eher Abwehrhaltung erzeugen / verstärken	☐ 4	
	sind wohl eher als zeitgemäße PR-Maßnahmen zu interpretieren	☐ 5	

32.	Was halten Sie von **Frauennetzwerken**?		
	sind wichtig und hilfreich, deshalb sollte man solche Vereinigungen unterstützen	☐ 1	
	sollte man nicht unterstützen	☐ 2	
33.	Welchen höchsten **Schulabschluß** und berufsqualifizierenden Abschluß haben Sie?		
	Volksschule ☐ 1 Lehre ☐ 4		
	Realschule ☐ 2 Studium ☐ 5		
	Abitur ☐ 3		
34.	Wo waren Sie **vor 1990** tätig?		
	in den neuen Bundesländern	☐ 1	
	in den alten Bundesländern	☐ 2	
35.	Abschließend bitten wir Sie noch um die Beantwortung einiger Fragen zu Ihrem **familiären Umfeld**:		
	Sind Sie: weiblich ☐ 1 männlich ☐ 2		
36.	Sind Sie: ledig	☐ 1	
	verheiratet oder an einen festen Partner gebunden	☐ 2	
	geschieden / getrennt lebend	☐ 3	
37.	Wieviel Kinder haben Sie?		
	Anzahl Kinder: ……… habe keine Kinder ☐		
38.	Berufstätigkeit Ihrer **Angehörigen**:		

	Partner/in	Vater	Mutter
Arbeiter	☐ 1	☐ 2	☐ 3
einfache Angestellte Beamte	☐ 1	☐ 2	☐ 3
leitende Angestellte Beamte	☐ 1	☐ 2	☐ 3
Freie Berufe	☐ 1	☐ 2	☐ 3
Selbständige Handwerker	☐ 1	☐ 2	☐ 3
Unternehmer	☐ 1	☐ 2	☐ 3
Hausfrau /-mann teilzeitbeschäftigt	☐ 1	☐ 2	☐ 3
Hausfrau /-mann vollzeitbeschäftigt	☐ 1	☐ 2	☐ 3
ausschließlich Hausfrau /-mann	☐ 1	☐ 2	☐ 3

39.	Haben Sie jüngere oder ältere **Geschwister**?	
	ja, jüngere ☐ 1 ja, ältere ☐ 2	
	nein, keine Geschwister ☐ 3	
40.	Wie alt sind Sie?	
	………… Jahre	

Herzlichen Dank für Ihre Mitwirkung!